Wolf-Dieter Wichmann

Richtig Karate 1

Vierte Auflage

Grundtechniken

BLV Sportpraxis

BLV

CIP-Titelaufnahme der Deutschen Bibliothek

Wichmann, Wolf-Dieter:
Richtig Karate / Wolf-Dieter Wichmann. –
München; Wien; Zürich: BLV.
NE: HST

1. Grundtechniken. – 4. Aufl. – 1991
(BLV-Sportpraxis; 233)
ISBN 3-405-13178-2
NE: GT

Bildnachweis

Alle Fotos
A. Bachmüller und
W. D. Wichmann
außer
R. Neukam S. 78
S. Himme S. 126
Titelfoto: Wolf-Dieter Wichmann
Grafik: Barbara von Damnitz

BLV Verlagsgesellschaft mbH
München Wien Zürich
8000 München 40

BLV Sportpraxis 233

Satz und Druck: Appl, Wemding
Bindung: Großbuchbinderei Monheim

Printed in Germany · ISBN 3-405-13178-2

Inhalt

RATE
MEISTERSCHAFTE

Vorwort

Karate – wer kennt nicht das geheimnisumwitterte Wort für diese fernöstliche Kampfkunst!
Es gibt bereits eine Reihe von technischen Beschreibungen des Karate auf dem Buchmarkt. Ich möchte hier nun den Versuch machen, die Karatetechnik mehr aus ihrer Funktion heraus zu erklären und zeigen, wie die Technik gelehrt und verbessert werden kann.
Ziel dieses Buches ist es, das Verständnis für die Zusammenhänge innerhalb des ganzen Karate zu wecken. Viele kleine, einzelne Schritte auf dem Weg zur Meisterschaft im Karate müssen gelernt, vervollkommnet und beherrscht werden, und es bleibt dennoch Stückwerk, wenn nicht der Zusammenhang, das Verständnis für die Funktion alles Gelernten erkannt und auch beherzigt wird.
Der vielgehörte Vorwurf, Karate sei nur eine Art Ballett, kann nur von dem entkräftet werden, der genau weiß, was und warum er es tut.
An dieser Stelle sei allen denen Dank gesagt, die mich auf meinem Karateweg begleitet haben und mir mit Geduld und Sachkenntnis immer weitergeholfen haben. Ebenso danke ich denen, die durch tatkräftige Unterstützung dieses Buch ermöglicht haben. Dem Leser wünsche ich bei der Arbeit mit diesem Buch viel Erfolg!

Was ist Karate (und was nicht)?

Karate ist:

- die japanische Form der schnellsten Kampfsportart der Welt
- ein durchdachtes System zur körperlichen Fitness
- eine sichere Selbstverteidigung
- eine hervorragende Disziplinschulung.

Karate ist nicht:

- die schnellste Art, jemanden tot zu schlagen
- Boxen mit Händen und Füßen
- das Zerschlagen von Brettern und Ziegelsteinen
- der sichere Weg zum gebrochenen Nasenbein.

Wo und wie lernt man Karate?

Verein

Die häufigste Form, Karate zu lernen, ist das Training in einem Verein, in dem Karate betrieben wird. Die Vorteile liegen in den meist geringen Vereinsbeiträgen und in einem intensiveren Kontakt zwischen den Mitgliedern.

Ein Nachteil ist häufig, daß in zu großen, wenig unterteilten Gruppen unterrichtet wird, und der Trainer (wegen des üblicherweise niedrigen Honorars) oft nicht zu den Besten gehört.

Schule

Inzwischen fast ebenso populär sind die Karateschulen. Hier wird auf gewerblicher Basis Karate beigebracht. Dadurch liegt natürlich der Beitrag höher. Die Vorteile liegen in besser abgestuften Gruppen (wegen der kleineren Übungsräume) und, da die Attraktivität der Schule mit der Bekanntheit des Lehrers steigt, häufig besseren Lehrern.
Ein Nachteil liegt in der ziemlich großen Abwanderungsquote.

Privatunterricht

Der Privatunterricht ist teuer und wegen des fehlenden Kontaktes zu anderen Schülern recht theoretisch. Sowohl das gegenseitige Anspornen als auch der sportliche Vergleich mit dem Partner fehlen. Er sollte nur dann in Anspruch genommen werden, wenn ein Gruppenunterricht nicht infrage kommt.

Selbstunterricht

Der Selbstunterricht nach Büchern ist der schwerste Weg und daher meist zum Scheitern verurteilt. Die Energie, die aufgebracht werden muß, um bis in ein fortgeschrittenes Stadium zu kommen, ist erheblich größer als bei einem Training mit Lehrer.
Daher ist nur in Ausnahmefällen ein Selbstunterricht sinnvoll und von Erfolg gekrönt. Allerdings ist der Wert von Büchern als Begleitmaterial zum Unterricht unumstritten.

Gemeinsames Training in einem Dojo

Geschichte des Karate

Ursprung des Karate

Die Anfänge des Karate liegen weit in der Vergangenheit. Sich selbst zu verteidigen, war zu jeder Zeit und in jedem Land wichtig, als es noch nicht den Schutz des Gesetzes gab, wie wir ihn heute kennen. Die Asiaten, mit ihrer Mentalität, auch den alltäglichen Dingen des Lebens System zu verleihen, schufen aus dem Bedürfnis, sich besonders effektiv wehren zu können, verschiedene Kampfkünste. In China war es unter anderem das Kempo, das als Shaolin-Kempo von dem Mönch Daruma (oder japanisch »Boddhidarma«) entwickelt wurde. Als es sich durch die intensiven Handelsbeziehungen Chinas mit der Insel Okinawa allmählich mit den bereits auf Okinawa entstandenen Kampfkünsten mischte, entstand das Okinawa-Te (Te : Hand, Okinawa-Hand).

Immer wieder verboten damals Herrscher das Tragen von Waffen für das Volk. In diesen Zeiten erlebten die, damals noch geheimen, waffenlosen Kampfkünste einen bedeutenden Aufschwung, so z. B. um das Jahr 1429 unter der Herrschaft des Kaisers Shohashi und im Jahre 1609 nach der Eroberung durch Shimazu.

Erst etwa im Jahre 1900 wurde Okinawa-Te das erste Mal in der Öffentlichkeit demonstriert und schon ab 1901 auf Okinawa an den

Schulen im Sportunterricht gelehrt. Seit dieser Zeit verbreitete es sich auch außerhalb der Kriegerkasten im »gemeinen« Volk.
1922 erhielt Gichin Funakoshi, der als Professor an der Pädagogischen Hochschule von Okinawa lehrte und als der Begründer des modernen Karate gilt, eine Einladung nach Japan. Er sollte Okinawa-Te oder Kara-Te anläßlich einer Vorführung altjapanischer Kampfkünste zeigen.
Das chinesische Kempo wurde als Kara-Te:. China-Hand auf Okinawa bekannt. Funakoshi veränderte die Zeichen für Kara: China in Kara: leer, wodurch er ein Symbol für das Wesen des Karate nämlich »mit leerer Hand« schuf. Diese Demonstration war so beeindruckend, daß Funakoshi gebeten wurde, in Japan zu bleiben, um Karate zu unterrichten. Er lehrte an verschiedenen Universitäten, bevor er im Jahre 1936 in Tokyo seine Stilart, das Shotokan, begründete (Sho-to : Kiefer-Welle war der Künstlername Funakoshi's, Kan bedeutet soviel wie »Halle, Kreis, Vereinigung«).
Er machte damit aus der Kampfkunst Karate die Kampfsportart Karate, die es erlaubt, verletzungsfrei zu trainieren und Wettkämpfe auszuführen. 1936 wurde auch das erste Mal ein offizieller Wettkampf im Jiyu-Kumite (freier Kampf) durchgeführt, nachdem bis dahin nur Kata-(Stil-)Turniere ausgetragen worden waren.

Karate in Deutschland

In Europa wurde Karate das erste Mal 1954 in Paris demonstriert. Weitere drei Jahre brauchte es, bis Jürgen Seydel, der deutsche Karatepionier, 1957 in Bad Homburg mit den ersten zaghaften Versuchen begann, Karate in Deutschland einzuführen. Nachdem 1958 unter Murakami der erste Lehrgang mit einem japanischen Meister durchgeführt wurde, war Karate nicht mehr aufzuhalten. 1961 wurde der Deutsche Karate-Bund als der älteste Fachverband gegründet.
15 Jahre später, am 17.6. 1976 gelang es dann endlich, die vielen Karate-Verbände unter einen Hut zu bringen. Der Deutsche Karateverband wurde gegründet. Zwar noch vor allem als organisatorischer Überbau gedacht, kann er doch die Keimzelle zu einem gemeinsamen Weg für alle Karateka sein.

Training im Freien

Karate wird traditionell in der japanischen Kleidung, einem weißen Baumwollanzug (Gi) ausgeführt. Natürlich ist auch ein Training in europäischer Sportkleidung möglich, jedoch gehört zum äußeren Bild einer vorbildlichen Technik auch der Karate-Anzug. Außerdem entsteht der Schnapplaut einer gut arretierten Technik nur in den weiten Baumwollanzügen.
Der Anzug soll nicht zu leicht sein, da er sonst in vollgeschwitztem Zustand am Körper klebt. Er darf nicht zu schwer sein, da er sonst die Bewegungsfreiheit bei den sehr schnellen Techniken einengt. Daher ist ein Judo-Anzug höchstens für den Anfänger geeignet. Fortgeschrittene bevorzugen gegenüber den leichteren Anzügen meist eine etwas stärkere Qualität. Der Gürtel ist ebenso aus Baumwolle und entspricht in seiner Farbe dem Schüler- oder Meistergrad seines Trägers.
Die Jacke des Anzugs reicht etwa bis an das Gesäß. Die Hose ist etwa knöchellang, kann kürzer sein, sollte jedoch nicht zu lang sein, da man sich sonst leicht in ihr verfängt. Farbige und seidenartige Anzüge sind im Wettkampf verboten.
Der Anzug wird so getragen, daß die Hose mit einem Baumwollband festgeknotet wird. Die Jacke fällt darüber, das linke Revers wird auf das rechte geschlagen. Meist haben die Anzüge kleine Bänder, die links innen und rechts außen zusammengebunden werden, um ein Herausrutschen der Jacke aus dem Gürtel zu vermeiden.

Karate-Gi mit Gürtel

Jegliche Art Schützer, mit Ausnahme des Tiefschutzes bzw. Brustschutzes bei Frauen, sind im Wettkampf verboten. Daher sollte man sie auch im Training möglichst nicht benutzen. Oberste Ziele sind: **Kontrolle** und **Verletzungen durch bessere Technik vermeiden.** Ein Ersatz schlechter Technik durch Schützer ist nicht der richtige Weg.
Brillenträger können im normalen Training ohne Bedenken mit Brille, eventuell befestigt, trainieren. Im Wettkampf sind sie verboten und müssen nötigenfalls durch Kontaktlinsen ersetzt werden.

Anlegen des Gürtels

Der Gürtel wird einfach mit der Mitte auf den Bauch gelegt (1), und einmal beidseitig um den Körper geschlungen (2). Das linke Ende kommt über das rechte (3), wird um beide Teile des Gürtels herumgewunden und zum Knoten über den rechten Teil (der jetzt links liegt) geschlungen (4). Der Knoten soll flach sein und beide überstehenden Enden gleichlang (5).

3

1

4

2

5

Hygiene

Wie in jeder Sportart so sind auch im Karate bestimmte Hygiene- und Schutzvorschriften unerläßlich.
Grundsätzlich gilt:
Keinerlei metallene Gegenstände am Körper. Wer einmal die »durchschlagende« Wirkung eines kleinen Ringes bei einem leichten Treffer im Gesicht gesehen hat, achtet peinlichst darauf. Ähnlich gefährlich, jetzt aber für den Träger, sind Kettchen und Ohrringe. Karate ist zu rasant, um mit Leichtsinn betrieben werden zu können. Notfalls muß der Ehering o. ä. mit Pflaster umwickelt werden.
Genauso streng ist darauf zu achten, daß die Finger- und Fußnägel kurz geschnitten sind. Daß ein Training nur mit sauberen Händen und Füßen aufgenommen wird, sollte selbstverständlich sein.
Aber auch der Anzug muß nach jedem Training gelüftet werden, da er sonst stinkt oder Stockflecke bekommt. Alle zwei bis drei Wochen, manchmal jede Woche, je nach Trainingshäufigkeit, sollte er darüberhinaus gewaschen werden.
Ein Training mit ansteckenden Krankheiten, wie z. B. Fußpilz, muß in jedem Fall unterbleiben, um nicht andere Teilnehmer zu infizieren.
Auch für Karate gilt, es soll **allen** Spaß machen! Gegenseitige Rücksichtnahme nützt allen Karateka.

Gymnastik und spezielles Training

Eine wesentliche Säule des Karate-Trainings ist die Gymnastik. Egal ob als »rituelle« Gymnastik, Partnergymnastik oder Spezialgymnastik (wie Kraft- oder Ausdauertraining) durchgeführt, ist sie ein Bestandteil, der nicht aus dem Karate-Training weggedacht werden kann. Sie hat drei wesentliche Funktionen zu erfüllen:

- Einstimmung in das Training.
- Dehnen, Lockern und Beweglichmachen.
- Vorbereiten auf bestimmte Trainingsziele (Techniken, Kraft, Ausdauer).

Der erste Punkt sollte nicht unterschätzt werden. Die Karate-Schüler kommen aus vielerlei täglichen Situationen. Beruf, Zuhause, Ärger oder Besorgnis lenken sie vom Training ab. Über die Gymnastik werden sie allmählich und doch zielbewußt auf das Training eingestimmt. Auch psychisch werden sie auf Leistungen vorbereitet, die nichts mit ihrem Alltag zu tun haben. Am Ende der Gymnastik sollen sie bereit und konzentriert darauf sein, Karate zu betreiben.
Punkt zwei ist das häufigste Ziel der Gymnastik. Der vom Herumsitzen oder übermäßiger Arbeit einseitig beanspruchte Körper wird einge-

stimmt. Wie ein Motor, der unter langsam steigender Belastung warmläuft, bringt die Gymnastik den Körper »auf Touren«.
Dabei werden Trainingsziele verfolgt, die den Anfänger staunen lassen: Spagat, Rumpfbeuge bis zum Boden oder Liegestützen auf den Fingerspitzen. Das Geschick des Trainers bestimmt, ob der Anfänger auf diesem Weg bereitwillig mitgeht oder zu früh, weil überfordert, resigniert.
Ziel der rituellen Gymnastik ist vor allem eine Lockerung, die durch das Dehnen der Muskeln und Bänder erreicht wird. Nur ein gelockerter Sportler kann später seine Kraft in Schnelligkeit umsetzen.
Der dritte Punkt bleibt in der Regel gut ausgebildeten Trainern vorbehalten. Ein gutes, d. h. richtiges Krafttraining setzt voraus, daß man etwas davon versteht. Allzuhäufig wird durch falsches Krafttraining mehr verdorben als erreicht. Dies Buch soll auch den nicht speziell geschulten Trainern Gelegenheit geben, Krafttraining in den Unterricht einfließen zu lassen.
Zum Schluß der allgemeinen Bemerkungen drei Grundsätze, die immer zu beachten sind:

- Die Gymnastik steht am Anfang der Stunde, um langsam in das Training einzuführen. Also niemals mit zu schweren oder anstrengenden Übungen beginnen!
- Dehnübungen langsam steigern, den Endpunkt erst bei schwitzendem Körper anstreben!
- Nicht die Reserven für das gesamte Training bereits in der Gymnastik verbrauchen. Daher Kraft- oder Ausdauertraining an das Ende der Stunde stellen.

Im folgenden werden vier Gymnastikbeispiele dargestellt, die in jedem Training durchgeführt werden können.

Seitspagat in die Luft ▷

Gymnastik

1

Hüpfen am Ort; auch seitwärts, vor und zurück (Aufwärmen der Beinmuskulatur)

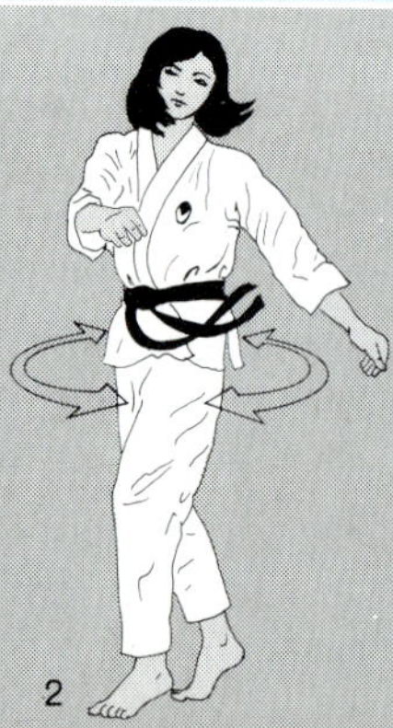

2

Hüpfen mit Überkreuzen der Beine (Beweglichkeit der Hüfte)

3

Armkreisen vorwärts; auch rückwärts (Aufwärmen der Schultermuskulatur)

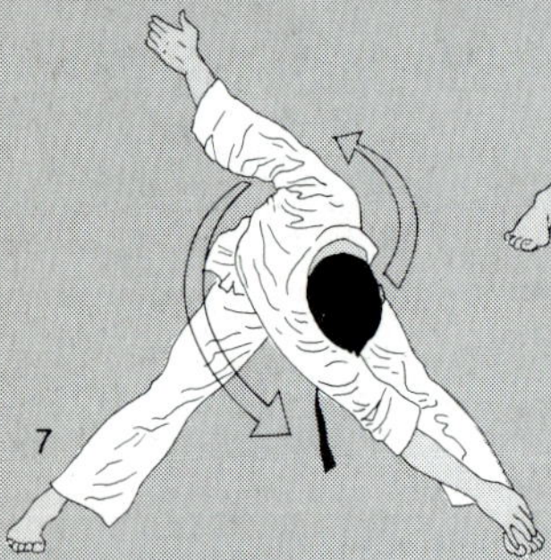

7

Rumfdrehbeugen, rechte Hand zum linken Fuß und umgekehrt (Beweglichkeit des Rumpfes)

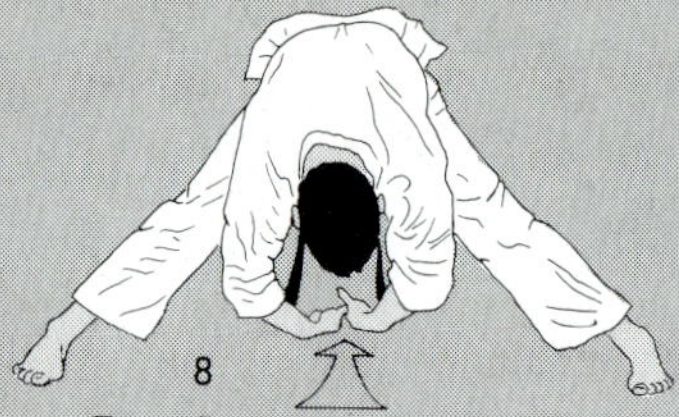

8

Rumpfbeugen vorwärts, weit durch die Grätsche federn, zurückbeugen (Beweglichkeit des Rumpfes)

9

Rumpfdrehen in Karatestellun rechts und links abwechselnd (Beweglichkeit des Rumpfes)

13

Möglichst weiter Seitspagat (Dehnung der Innenmuskeln am Oberschenkel und der Hüfte)

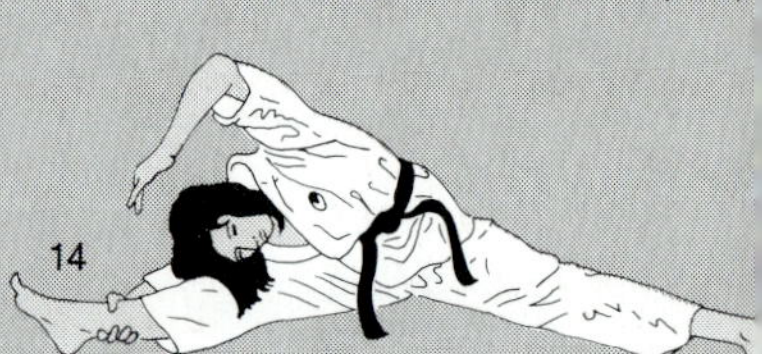

14

Grätschsitz, Rumpfbeugen seitwärts (Dehnur Bein- und Rückenmuskulatur)

4

Rückschwingen der Arme; abwechselnd mit angewinkelten und gestreckten Armen (Aufwärmen der Nacken- und oberen Rückenmuskulatur)

5

Kopf bewegen; senken vor und zurück, seitwärts, -kippen, -drehen, -kreisen (Dehnung der Muskulatur und Beweglichkeit der Wirbelsäule)

6

Rumpfseitbeugen im Seitgrätschstand (Beweglichkeit des Rumpfes, Dehnung der gesamten Rückenmuskulatur)

10

Tiefer Karatestand (Dehnung der inneren Hüftmuskeln)

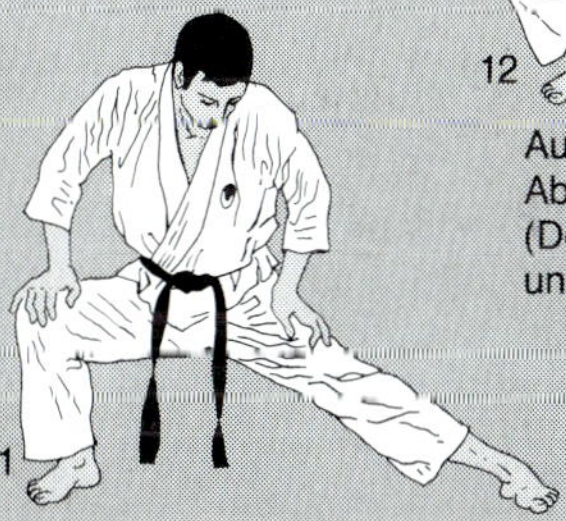

11

Aus dem weiten Grätschstand Beugen eines Knies (Dehnung der Innenmuskeln an Oberschenkel und Hüfte)

12

Aus dem weiten Grätschstand Absitzen auf die Ferse (Dehnung der Beinmuskulatur und der Hüfte)

15

Grätschsitz, Rumpfbeugen vorwärts, Ellbogen zum Boden führen (Dehnung der Rücken- und Beinmuskulatur)

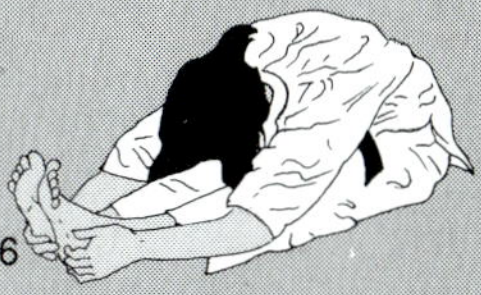

16

Langsitz, mit den Händen die Füße greifen (Dehnung der Rücken- und Beinmuskulatur)

Gymnastik

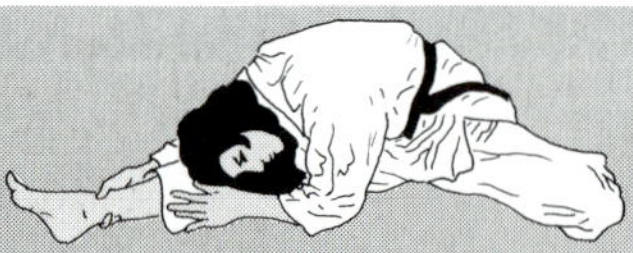

17

Hürdensitz (rechts und links) Kopf zum Knie (Dehnung der Hüfte)

21

Hocksitz, Fußsohlen zusammenführen, Knie zum Boden federn (Dehnung der Hüft- und Beinmuskulatur)

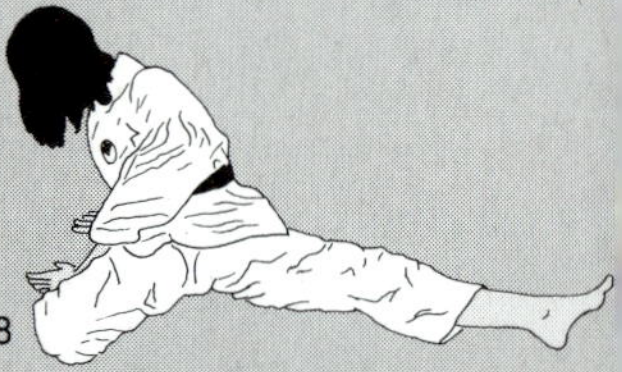

18

Im Hürdensitz beide Hände hinter den gebeugten Bein auf den Boden setzen (Dehnung der Hüft- und Rückenmuskulatur)

23

Liegestütz auf Fingerspitzen, mit gegrätschten Beinen, Heben der Hüfte und unter gleichzeitigem Beugen der Arme den Körper weit nach vorne schieben bis ins Hohlkreuz (Kräftigung der Unterarmmuskeln, Beweglichkeit der Wirbelsäule)

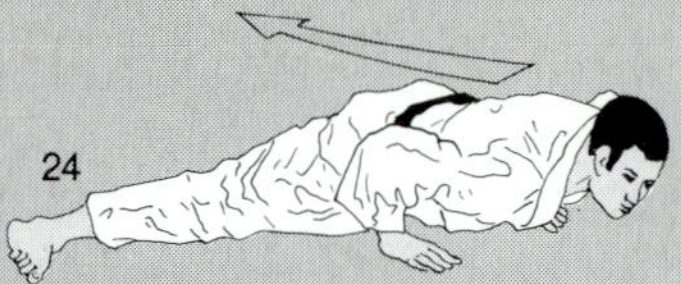

24

Liegestütz auf flachen Händen, Beugen der Arme und anschließend Strecken nach hinten, so daß die Hüfte gehoben wird (Kräftigung der Armmuskeln, Beweglichkeit der Wirbelsäule)

27

In der Hocke Kniekreisen (Beweglichkeit der Knie)

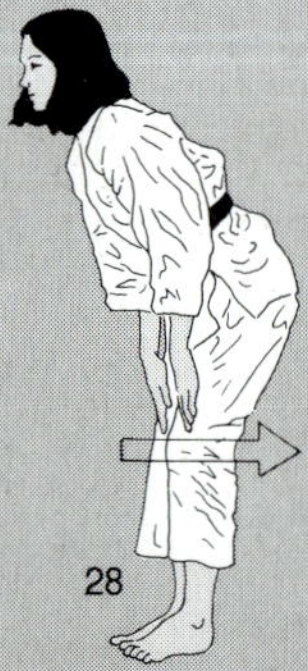

28

Aus der Hocke Kniestrecken (Dehnung der rückwärtigen Sehnen am Bein)

29

Karatestellung (rechts und links), gerades Hochschwingen des Beines (Aufwärmen und Kräftigung der Muskeln für bestimmte Fußstöße)

19

Aus dem Hürdensitz hinteres Bein im rechten Winkel zum vorderen gebeugt aufsetzen (Dehnung der Hüft- und Beinmuskulatur)

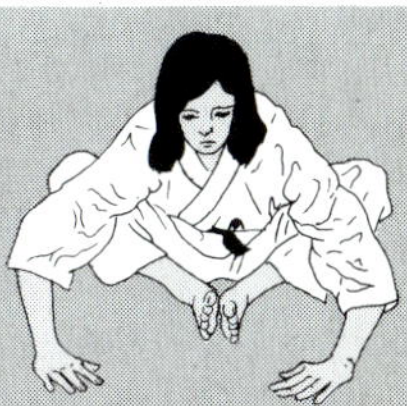

22

Hocksitz, Fußsohlen zueinander, auf die Fuß-außenkante stellen (Dehnung der seitlichen Unterschenkel-muskulatur)

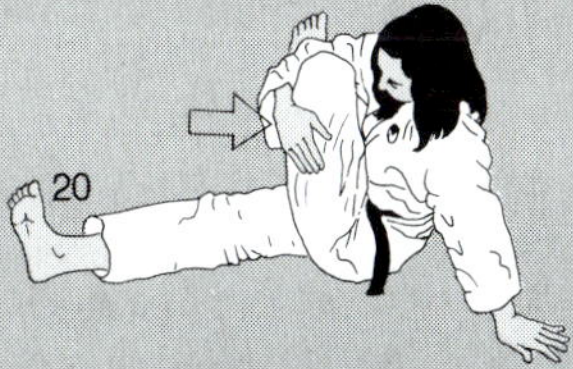

20

Ein Bein über das andere kreuzen, mit dem gegenüberliegenden Arm heranziehen (Dehnung und Beweglichkeit der Hüfte)

25

Vollständiger Seitspagat (nur nach entsprechendem Vordehnen bzw. Aufwärmen) (Dehnung und Beweglichkeit der Hüfte)

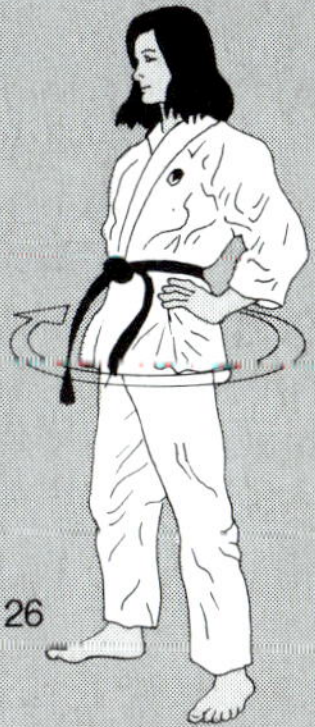

26

Im Stand Hüfte kreisen (Beweglichkeit der Hüfte)

30

Hochschwingen des Beines seitwärts (Dehnung und Kräftigung der Bein-muskeln)

31

Hochschwingen des Beines rückwärts (Dehnung und Kräftigung der Bein-muskeln)

Partnergymnastik

Die Partnergymnastik ist zur Verbesserung der Kraft-Ausdauer gedacht. Sie stellt vor allem aber auch eine Abwechslung zur häufiger angewandten rituellen Gymnastik dar. Sie ist für Anfänger und Fortgeschrittene unterschiedlich zu dosieren, indem man die Anzahl der Wiederholungen vermindert oder erhöht. Es ist darauf zu achten, daß die verschiedenen Muskelgruppen abwechselnd beansprucht werden. In die Kräftigungsübungen sind zur Abwechslung, Erholung und Vorbereitung auf das Karate-Training Dehnübungen eingeflochten.

Kräftigung der Oberschenkelstrecker und Gesäßmuskeln
Beide Partner stehen Rücken an Rücken, Arme sind eingehakt. Hinsetzen, so daß die Beine halb angezogen sind, und wieder aufstehen. Diese sowie die folgenden Übungen sind jeweils 20mal zu wiederholen, wenn die Übenden das Anfängerstadium hinter sich haben.

Dehnen Beinrückseiten- und Rückenmuskeln
Beide Partner stehen im Grätschstand gegenüber, Hände mit gestreckten Armen auf die Schulter legen, weit vorbeugen und vor- und seitfedern.

Kräftigung Armstrecker (Triceps)
Ein Partner macht Liegestütz, der andere hebt dabei die Beine an den Fußgelenken hoch (Schubkarre). Um die Liegestützen zu verbessern, legt der Übende nach jedem Heruntergehen kurz die Hände auf den Rücken.

Kräftigung der geraden Bauchmuskeln
Beide Partner sitzen gegenüber, Beine ineinandergehakt, Hände im Nacken. Von der Rückenlage bis fast an die Knie vorbeugen (Sit-ups).

(Variation zur Kräftigung auch der schrägen Bauchmuskeln: Wie oben, dabei mit dem Ellenbogen zum gegenüberliegenden Knie beugen.

Um diese Übung zu intensivieren, rücken die Partner so weit zusammen, daß der eine dem anderen die Füße auf die Schultern legen kann. Jetzt Sit-ups bis zu den Knien!

Kräftigung Armbeuger (Biceps)
Ein Partner liegt auf dem Rücken, der andere steht im Grätschstand in Höhe des Gürtels über ihm, Gesicht zueinander. Der liegende Partner faßt mit Kammgriff (Handrücken zum Bauch) in den Gürtel des Partners und zieht den eigenen Körper möglichst gestreckt bis ganz nach oben.

Kräftigung Rückenmuskeln
Ein Partner kniet in Bankstellung (auf Knien und Händen aufgestützt), der andere liegt mit dem Kopf zu ihm in Bauchlage, Hände neben denen des Partners: Die Hände über dem Kopf des knieenden Partners zusammenklatschen.

Dehnen Beinrückseiten- und Rückenmuskulatur
Beide sitzen sich im Grätschsitz (bis zum Spagat) gegenüber, Füße gegeneinandergestützt.

An den Handgelenken fassen und den Oberkörper des Partners vorziehen. 4 bis 6 Sek. halten, abwechselnd.

Kräftigung Beinstrecker und Gesäßmuskeln
Ein Partner in Rückenlage hebt die Beine. Der andere steht leicht gegrätscht an den Füßen, Gesicht zum Partner und legt sich nun mit gestrecktem Körper so nach vorne, daß er am Bauch von den Fußsohlen des Partners abgestützt wird. Der liegende Partner beugt und streckt die Beine.

Kräftigung Triceps und Deltamuskel
Ein Partner ist in Rückenlage, der andere macht auf den ausgestreckten Armen des Untermannes Liegestütz (Schulter bis zu den Händen senken! Nur der Obermann arbeitet!)

Kräftigung Bauchmuskeln
Ein Partner befindet sich in der Bank, der andere setzt sich rücklings auf ihn, Füße hinter die Oberschenkel haken. Hände im Nacken verschränken, Oberkörper zurückbeugen und wieder aufrichten.

Kräftigung Wadenmuskeln
Ein Partner geht in die Bank, der andere stützt die Hände auf die Schulterblätter und springt mit geschlossenen Beinen ohne Zwischensprung über den Rücken hin und her.

Kräftigung Rückenmuskeln
Der Partner geht in Bauchlage, Hände im Nacken, der andere setzt sich im Unterschenkelsitz (Za Rei) auf die Unterschenkel des Partners. Der Liegende hebt den Oberkörper an, bis sich die Hüfte vom Boden löst.

Kräftigung Bauch- und Hüftmuskeln, Dehnen der Beinrückseite
Ein Partner sitzt im Unterschenkelsitz, der andere steht gegenüber und führt jedes Bein 20mal über den Kopf vom Boden zu Boden.

Dehnen für Mae-geri

Die Partner stehen gegenüber. Der eine geht in die Hocke, der andere legt ein gestrecktes Bein auf die Schulter. Der Hockende steht langsam auf soweit es geht; dabei das Knie des Partners gestreckt halten, ca. 10 Sek. Dann die gleiche Übung mit dem anderen Bein.

Dehnen für Yoko-geri

Die Partner stehen seitlich nebeneinander. Ein Bein seitlich, vor der Schulter, hinter den Nacken des Partners legen, 10 Sek. dabei das Knie gestreckt halten. Dann die gleiche Übung mit dem anderen Bein.

Krafttraining

Kraft ist eine wesentliche Voraussetzung für die Schnelligkeit im Karate. Es kommt ihr im Karate zwar nicht soviel Bedeutung zu wie z. B. im Judo, jedoch ist, bei sonst gleichen Voraussetzungen, der stärkere Athlet dem schwächeren eindeutig überlegen. Andererseits ist bekannt, daß sich vor allem Kraftsportler (wie Gewichtheber, Bodybuilder oder Ringer) schwer damit tun, Karate zu lernen. So gilt es auch hier, das rechte Maß für ein Krafttraining im Karate-Sport zu finden. Kraft ist die Fähigkeit der Muskeln, gegen einen Widerstand Arbeit zu leisten. Wir unterscheiden dabei dynamische Kraft, die sich gegen

Gymnastik

Gesäß- und Beinmuskeln

Brust- und Armmuskeln

Bauchmuskeln

Seitliche Rückenmuskeln

Armstrecker

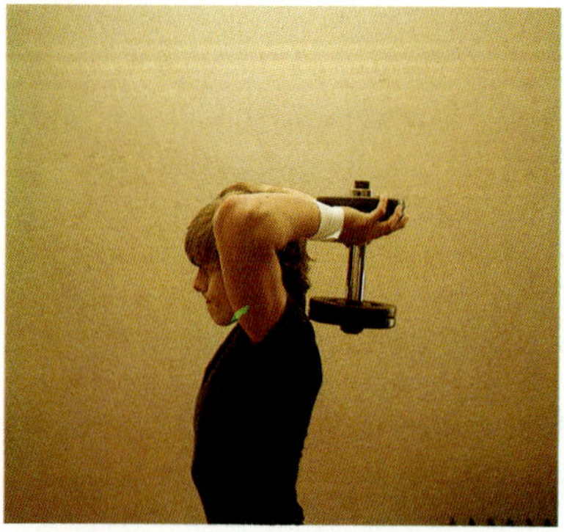

Armbeuger

einen sich bewegenden Widerstand richtet und statische Kraft, bei der der Widerstand fixiert ist. Daher unterteilt man auch das Krafttraining in dynamisches (isotonisches) und statisches (isometrisches) Krafttraining. Bei beiden Trainingsformen wird der Muskelzuwachs durch die Höhe des Widerstandes bestimmt. Beim statischen Krafttraining ist der Widerstand so groß, daß keine Bewegung mehr erfolgen kann. Hierbei ist auch der größte Kraftzuwachs festzustellen. Beim dynamischen Krafttraining ist der Widerstand geringer, so daß eine Bewegung des Muskels möglich wird. Der Kraftzuwachs ist aber dadurch geringer.

Warum trainieren dann nicht alle Sportler mit statischem Krafttraining?

Das statische Krafttraining hat zwei wesentliche Nachteile.
Zum einen vermindert es die Durchblutung des arbeitenden Muskels. Die Folge ist eine relativ kurze Anspannzeit. Eine Ausdauerleistung ist damit ausgeschlossen.
Zum anderen wird nicht mehr die ganze Bewegung, der die Kraft später dienen soll, trainiert, sondern nur noch ein Teil daraus. So bringt zwar statisches Krafttraining den schnellsten Erfolg beim Kraftzuwachs, es eignet sich jedoch nicht für Bewegungssportarten wie Karate. Hier wird vor allem das dynamische Krafttraining angesprochen.

Beim dynamischen Krafttraining werden Gewichte bewegt. Diese sollen so schwer sein, daß eine Wiederholung der Bewegung bei höchstmöglicher Anstrengung nur drei- bis fünfmal möglich ist. Wenn man die wichtigsten Muskelgruppen belastet hat, beginnt man, nach einer entsprechenden Pause, erneut mit der zweiten Serie der gleichen Übungen. Jetzt kann man die Belastung sogar durch mehr Gewicht vergrößern. Meist erst in einer dritten oder vierten Serie erreicht man dann seine mögliche maximale Trainingsleistung, die dann auch den größten Erfolg bringt.
Mit welchen Gewichten man arbeiten muß, stellt man am besten fest, indem man das maximal mögliche Gewicht testet und dann 80 bis 90% davon wählt.
Eine günstige Trainingsform ist das sogenannte **Pyramidentraining.**
Man beginnt dabei mit einer Belastung von etwa 98% des Maximalgewichts. Nach einer Pause von, je nach Kondition, ein bis drei Minuten wiederholt man die Übung mit 95% zweimal, nach der Pause mit 90% dreimal und nach einer weiteren Pause mit 85% viermal (oder 80% fünfmal). Anfänger im Krafttraining nehmen dies als erste Serie und machen nun eine Serienpause von 3 bis 30 Minuten. Anschließend wiederholen sie die Serie noch zwei- bis dreimal. Sehr gut Ausgebildete wiederholen die Pyramide jeweils erst rückwärts, bevor sie die Serien-

pause machen. Der Puls soll dabei nicht über 120 Schläge pro Minute gehen.
Beim statischen (oder isometrischen) Krafttraining hängt der Trainingserfolg wesentlich von der Willenskraft des Übenden ab. Nur er bestimmt wie stark er arbeitet. Je größer die Anspannung ist, desto größer ist der Muskelzuwachs. Voraussetzung ist dabei noch eine Anspannzeit von etwa acht Sekunden. Kürzere Zeit verringert den Zuwachs, längere bringt nicht mehr Zuwachs, vorausgesetzt, es wird voll angespannt! Ebenso wie beim dynamischen Krafttraining wird auch hier in drei bis vier Serien gearbeitet.
Wichtig für das Krafttraining der Karateka ist noch, daß es in einem Verhältnis von etwa 5 : 1 zum Techniktraining stehen soll. D. h., bei einer Stunde Maximalkrafttraining braucht man etwa fünf Stunden Techniktraining, um eine etwa gleichgute Koordination wie vor dem Krafttraining zu erreichen.
Wenn man all dies beachtet, steht einer Verbesserung der Karate-Leistungen durch Krafttraining nichts mehr im Wege.

Pyramidentraining

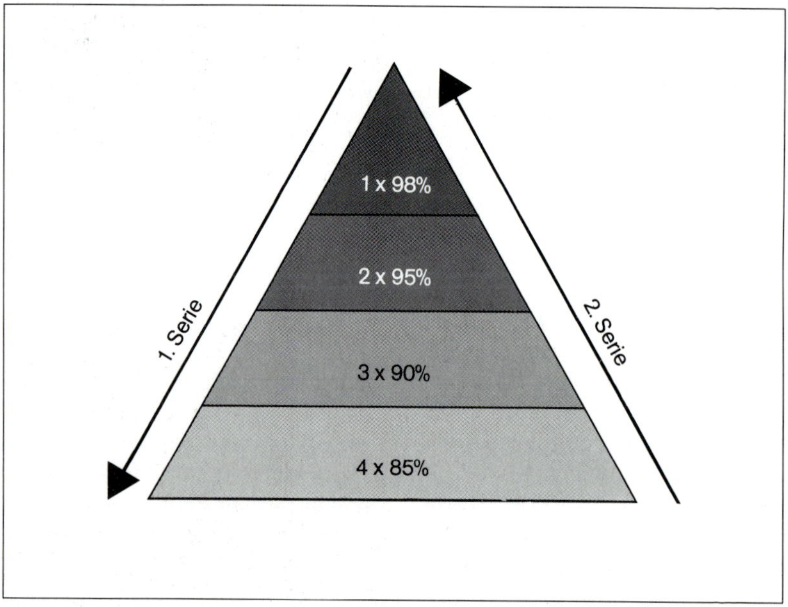

Krafttraining mit Partner

Bei den folgenden Beispielen für dynamisches Krafttraining werden die Übungen mit Partner ausgeführt. Zwar ist dadurch nicht die gleiche optimale Wirkung zu erreichen wie mit Hanteln, die wenigsten Vereine verfügen aber über Hantelsätze, deshalb werden hier diese »Partnerübungen« aufgeführt.
Die Belastung soll bei jeder Übung so hoch sein, daß nicht mehr als **fünf Wiederholungen** möglich sind. Je genauer diese Grenze erreicht wird, desto größer ist der Erfolg. Die Übungen werden je Muskelgruppe einzeln durchgeführt. Zwischen den verschiedenen Gruppen kann eine Pause von etwa einer Minute liegen (je nach Kondition). Nach der ersten Serie macht man eine Pause von 3 bis 10 Minuten, nach den weiteren Serien 5 bis 15 Minuten.
Falls es konditionell möglich ist, sollte die zweite und dritte Serie erschwert werden. Nun zu den Übungen:

Kräftigung der Oberschenkelstrecker, Gesäßmuskel, Wadenmuskel

Einen Partner, der etwa dreiviertel des eigenen Gewichts hat, quer auf die Schulter laden und Knie beugen. Die Füße sind dabei schulterbreit geöffnet, und der Oberkörper soll möglichst aufrecht gehalten werden.

1

2

3

Kräftigung der Armstrecker (Triceps)

Arme beugen und strecken. Dabei stellt man die Füße hoch an eine Wand, so daß der Körper mit dem Boden einen Winkel von ca. 45° bildet. Je stärker der Übende ist, desto steiler kann die Neigung sein.

1

Kräftigung der Bauchmuskeln

Die Partner stehen frontal gegenüber. Der eine legt von vorne die Beine um die Hüfte des anderen. Jetzt wird der Oberkörper angehoben (ohne Schwungunterstützung!) und wieder gesenkt.
Falls die Übung zu leicht ist (d. h. mehr als fünf Wiederholungen möglich sind) muß ein Zusatzgewicht (z. B. eine Trainingstasche, ein Sandsack o. ä.) auf die Brust gehalten werden.

2

Kräftigung der Rückenmuskeln
Der eine Partner liegt auf dem Bauch, der andere sitzt auf dessen Beinen. Der Liegende hebt den Oberkörper soweit wie möglich vom Boden. Zur Erschwerung dienen ebenfalls kleine Sandsäcke, schwere Taschen o. ä.

Kräftigung der Armbeuger (Biceps)
Die einfachste Übung dazu ist der Klimmzug. Fehlt eine (Reck-)stange, so stellt sich ein Partner im Grätschstand über den auf dem Rücken liegenden Partner, Gesicht zueinander.

Jetzt faßt der Untermann im Kammgriff (Handrücken zum Bauch) in den Gürtel und zieht seinen Körper hoch, bis das Kinn den Gürtel berührt. Zur Erschwerung stellt sich der Partner auf zwei Kästen oder Stühle, und der Übende beschwert seine Schultern mit Sandsäcken oder Taschen.
Möglich ist auch, daß ein dritter mehr oder weniger fest von oben gegen die Schultern drückt.

Ausdauertraining

Ausdauer ist die Fähigkeit, über einen längeren Zeitraum im sportlichen Sinn Arbeit zu verrichten. Sie ist nicht wesentlicher Bestandteil des Karate, jedoch ist ausreichendes Training und anhaltend gute Wettkampfleistung ohne Ausdauerleistungsfähigkeit nicht möglich. Daher sollte auch die Ausdauer im Training verbessert werden.

Neben einem einfachen Dauerlauftraining ist die geeignetste Methode das Intervalltraining. Dabei wird der Kreislauf mehrfach belastet, so daß er sich langsam an die höhere Leistung gewöhnt.

Für ein Intervalltraining sind folgende Punkte zu beachten: Der Belastungspuls (d. h., die Pulsfrequenz am Ende der Belastung) sollte nicht über 180 bis 190 Schläge pro Min. und nicht unter 160 pro Min. betragen.

Die Pause nach der Belastung darf nur so lange andauern, daß ⅔ des Belastungspulses (bei 180 ist das 120) **nicht** erreicht werden. Vorher soll bereits wieder die neue Belastung einsetzen.

In der Regel wird man Belastungen von etwa 15 bis 20 Sekunden Dauer wählen, die Pause wird dann 10 bis 15 Sekunden betragen. Drei bis vier Belastungen ergeben eine Serie. Nach der 1. Serie wird eine Pause von ein bis drei Minuten eingelegt. Stellt man zu Beginn der Pause fest, daß der Puls **nicht** innerhalb von einer Minute unter 140 absinkt, war die Belastung zu groß und das Intervalltraining muß abgebrochen werden. Dies gilt für jede Überprüfung nach den Serien. Nach der Pause kommt die 2. und dann die 3. Serie.

Die untenstehende Grafik ist eine allgemeine Darstellung der Intervallmethode, die bis zu einer 5. Serie weitergeführt ist.

Prinzip des Intervalltrainings

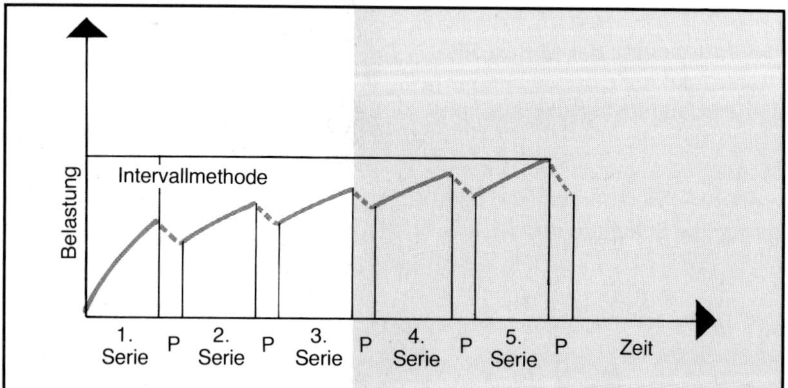

Messen der Pulsfrequenz in einer Pause

Hier ein Beispiel:

Belastung	15 Sek.	Puls 180	1. Serie
Pause	10 Sek.	Puls 125	
Belastung	15 Sek.	Puls 180	
Pause	10 Sek.	Puls 130	
Belastung	15 Sek.	Puls 185	
Pause	10 Sek.	Puls 135	
Belastung	15 Sek.	Puls 190	
Pause	10 Sek.	Puls 140	

Serienpause 2 Min.
insgesamt 3 Serien

Die Belastung wird je nach der Kondition der Übenden gewählt. Bei Jugendlichen und Breitensportlern reichen ein 80- bis 100-m-Lauf oder Lauf über drei Hallenlängsbahnen. Bei Wettkampfsportlern (oder solchen, die es werden wollen) nimmt man 120 Meter oder vier Hallenlängsbahnen. Im Zweifel probiert man es aus. Anstrengender wird es, wenn es bergauf geht oder Gewichte getragen werden.

Für ein Intervalltraining sind also notwendig:

1. Stoppuhr
2. Wissen, wie und wo man den Puls mißt (am besten entweder am Handgelenk oder seitlich vom Kehlkopf)
3. Trainingsplan, der beinhalten muß:
   Art und Umfang der Belastung
   Belastungsdauer
   Pausendauer
   Wiederholung der Einzelbelastung
   Wiederholung der Serien
   Serienpausendauer.

Wenn man noch zur Sicherheit die Regel beherzigt »falls der Puls nach einer Minute noch über 140 liegt, dann sofort abbrechen«, kann nichts mehr passieren.
Fieberkranke, Herzschwache oder Erkältete dürfen aber an diesem Training auf keinen Fall teilnehmen! Im Zweifelsfall: Arzt befragen!

Atmung und Kiai

Sowohl im Unterricht als auch in den meisten Lehrbüchern wird der Atmung und dem Kiai zuwenig Beachtung geschenkt. Dabei sind beides wesentliche Voraussetzungen für eine gute Karate-Technik.

Grundsätzlich gilt folgendes:
Bei **jeder** Karate-Technik wird ausgeatmet!
Dabei kann natürlich, bei der oft sehr schnellen Folge von Techniken, nicht jedesmal vorher eingeatmet werden. Daher verteilt sich der Atem auf möglichst viele Techniken, um nach besonders starken Techniken erneut Luft zu holen.

Der Atem wird gleichmäßig durch Mund und Nase ausgestoßen. Die Atmung erfolgt vom Zwerchfell und nicht über Brust oder Mund. Nur bei einer Sonderform der Atmung, dem Kiai, wird der Mund geöffnet.
Der Kiai selber soll die stärkste Form des Ausatmens sein. Wie der Name aber schon sagt (Ki-Ai = Geist und Körperharmonie) ist der Kiai nicht nur das Ausatmen. Man kann ihm vier verschiedene, jede für sich wichtige, Bedeutungen zurechnen:

1. Explosives Ausatmen:
   Dadurch erfolgt die gewünschte starke Atemtechnik.
2. Maximale Spannung der Rumpfmuskulatur:
   Dadurch ergibt sich eine besondere Festigkeit im Rumpf und die erforderliche Spannung für starke Techniken.
3. Völlige Konzentration des Willens des Ausführenden:
   Vor allem bei Anfängern spürt man einen deutlichen Unterschied bei Techniken mit oder ohne »bewußtes Wollen«.
4. Schockierung des Gegners:
   Wenn es auch nicht so deutlich wird, so beeinträchtigt ein starker Kiai auch die Widerstandsfähigkeit des Gegners.

Alles in allem kommt dem Kiai eine derart große Bedeutung zu, daß man sogar auf fehlendes Karate-Verständnis bei denjenigen, die den Kiai vernachlässigen, schließen kann. Nicht zu Unrecht erfolgt in Wettkämpfen nur in Ausnahmefällen eine Wertung einer Technik, die ohne Kiai erfolgte.

Karate-Stellungen

Die Asiaten sprechen immer wieder davon, ihre »Mitte zu wahren«. Sie meinen damit sowohl die körperliche als auch die geistige Mitte, das Gleichgewicht. Wer sich geistig und körperlich im Gleichgewicht befindet, ist stärker, reagiert schneller und richtiger.
Für das Karate heißt das unter anderem, jede Technik durch einen sicheren Stand zu unterstützen.
Der Körperschwerpunkt befindet sich im Unterleib, etwas unter dem Bauchnabel. Je tiefer dieser Schwerpunkt über der Standfläche, gebildet aus den beiden Füßen, ist, desto stabiler ist der Stand. Im Karate muß aber ein Kompromiß eingegangen werden, zwischen der Tiefe der Stellung und der Beweglichkeit bzw. Geschwindigkeit im Vor- oder Zurückgehen.
Man muß aber wissen, daß die Karate-Technik umso wirkungsvoller ist, je sicherer der Stand ist.
Um das zu verstehen, muß man die Wirkungsweise des Karate-Stoßes verstehen. Das Prinzip der Karate-Technik basiert darauf, bis zum Auftreffpunkt eine maximale Geschwindigkeit zu erreichen. Im Moment des Auftreffens löst z. B. die Faust eine schockartige Übertragung der Bewegungsenergie aus. Da bei einer guten Technik nur eine kleine Fläche getroffen wird und kein Weiterschieben erfolgt, wird diese Fläche »schockartig aus der Verbindung gelöst«, ähnlich einer einzelnen Büchse, die aus einer Büchsenpyramide herausgeschossen wird.
Natürlich kann die getroffene Körperfläche sich nicht aus ihrer Körperumgebung lösen. Aber der richtig ausgeführte Stoß hat doch die höchstmögliche Wirkung. Vor allem auch dadurch, daß der Rückschock, die Reaktion der Fläche auf das »Nicht-lösen-können«, durch die nicht zurückweichende Faust abgefangen wird.

Ein Versuch zeigt dies:
Eine Zeitungsdoppelseite wird an zwei Fingern hochgehalten. Ein kräftiger Faustschlag **durch** die Zeitung führt zu einem Ausschwingen. Ein plazierter Karate-Stoß mit dem Knöchel auf einen Punkt in der Mitte führt zu einem Platzen der Zeitung an dieser Stelle.

Die Erklärung:
Gegen das Bewegen der Zeitung wirkt der Luftwiderstand. Dem relativ langsamen, ungeübten Faustschlag weicht die Zeitung noch aus. Bei dem sehr viel schnelleren Karate-Stoß aber tut sie das nicht. Deshalb muß an der Stelle des Auftreffens ein Teil der Zeitung nachgeben: sie zerreißt.
Eine wesentliche Voraussetzung für das oben Beschriebene ist der Stand.
Vor der eigentlichen Technikausführung nimmt der Karateka verschiedene Stände ein.

Ausgangsstellungen

Musubi-Dachi

Der Gruß im Stand.
Zu den Dojo-Ettiketten eines Karateka gehört der Gruß im Stand. Er wird beim Betreten der Übungsfläche als eine Form der Bereitschaft sich den Regeln des Karate zu unterwerfen ausgeführt. Ebenso wie zu Beginn jedes Trainings oder jeder formalen Ausführung der Kata, werden der Partner und der Lehrer formell so begrüßt. Auch wenn man in diesen Etiketten nur Äußerlichkeiten sieht, stellen sie doch ohne Zweifel eine Gemeinsamkeit zwischen allen Karateka her.

Heiko-Dachi (Hachiji-Dachi)
Die Achtungsstellung vor Beginn einer Technik.
Nach dem Gruß stellt sich der Karateka in Heiko-Dachi (oder Hachiji-Dachi) auf. Es ist die Bereitschaftsstellung, aus der heraus er in Aktion tritt. Sie soll sich durch gespannte Aufmerksamkeit des Körpers und des Geistes auszeichnen. Die Armbewegung bei der Einnahme der Stellung deutet eine Befreiung aus einem Griff an.

Heisoku-Dachi
Werden beim Heiko-Dachi die Beine ganz geschlossen, steht man im Heisoku-Dachi.

Schrittstellungen

Für das Gehen benutzen wir hauptsächlich drei Stellungen:

Zenkutsu-Dachi (Vorwärtsstellung)

Der Zenkutsu-Dachi ist für gerade Angriffe oder Abwehrtechniken mit Druck auf den Gegner gedacht.
Die direkte Entfernung der Fersen beträgt etwa zwei Schulterbreiten.
Das Hauptgewicht ruht auf dem vorderen Bein, das stark gebeugt ist. Der Oberschenkel soll nicht ganz waagerecht sein. Der vordere Fuß steht so, daß die Außenkante gerade nach vorne zeigt.
Das hintere Bein ist gestreckt. Dadurch wird die Vorwärtsbeschleunigung voll ausgenützt und die feste Verbindung zum Boden, zum Auffangen des Rückschocks, hergestellt. Die Zehen sollen soweit wie möglich nach innen gedreht werden, ohne daß die Ferse sich vom Boden löst. Der Oberkörper ist zurückgebeugt.
Die Hüfte ist beim Angriff fast im rechten Winkel zum vorderen Bein. Bei der Verteidigungsstellung (Hanmi) dreht die Hüfte auf 45° ab, **ohne** daß die Stellung der Beine oder Knie verändert wird.

Kokutsu-Dachi (Rückwärtsstellung)

Der Kokutsu-Dachi dient dazu, mit dem Oberkörper und der Hüfte einem Angriff auszuweichen, ohne die wirkliche Distanz zu vergrößern. Wie eine Sprungfeder fängt dabei

Zenkutsu-Dachi

Kokutsu-Dachi von der Seite

das hintere Bein Gewicht und Bewegung auf, um es katapultartig wieder nach vorne zu bringen oder eine Technik mit dem vorderen Bein zu ermöglichen. Auch hier stehen die Fersen etwa zwei Schulterbreiten auseinander. Der hintere Fuß steht rechtwinklig mit der Ferse auf einer Verlängerung der Linie an der Innenkante des vorderen Fußes. Das hintere Bein wird soweit gebeugt, daß der Oberschenkel fast waagerecht ist und der Unterschenkel fast senkrecht zum Boden steht. Das vordere Bein ist so gestreckt, daß etwa Zweidrittel des Gewichtes auf dem hinteren Bein ruht. Es darf aber niemals ganz gestreckt werden. Die Hüfte steht im 45°-Winkel zum vorderen Bein.

Kiba-Dachi (Seitwärtsstellung)

Wie der Name verrät, benutzt man den Kiba-Dachi für seitliche Aktionen. Im modernen Wettkampf kommt er kaum vor. Seine Hauptfunktion liegt im Training der Waden- und Oberschenkelmuskeln und einem sicheren Standgefühl.

Dabei stehen beide Füße parallel, zwei Schulterbreiten auseinander. Die Hüfte ist genau in der Mitte und die Kniee werden weit auseinandergedrückt, bis die Unterschenkel fast senkrecht stehen. Die Hüfte wird soweit vorgeschoben, bis sie in einer Linie mit den Füßen ist. Dabei wird der Oberkörper senkrecht gehalten.

Kokutsu-Dachi von vorne

Kiba-Dachi

Jiyu-Dachi (Chudan-Kamae) (Kampfstellung)
Die Kampfstellung kann hier nur verallgemeinert dargestellt werden. Jeder Kämpfer wird sich mit der Zeit seine spezielle Kampfstellung, die auf seine Taktik und sein technisches Repertoire abgestimmt ist, suchen.
Was hier unter Kampfstellung verstanden wird, ist die Stellung, die beim Jiyu-Ippon-Kumite oder dem Jiyu-Kumite eingenommen wird. Sie ist eine Mischung aus Zenkutsu-Dachi und Kokutsu-Dachi. Der Kämpfer soll sowohl angreifen als auch verteidigen können. Die Hüfte wird etwas zurückgenommen, das Gewicht zwischen beiden Beinen etwa gleich verteilt. Das vordere Bein sorgt für sicheren Stand, um direkt verteidigen zu können. Das hintere Bein ist leicht gebeugt, um die Hüfte oder den ganzen Körper ansatzlos vorschnellen zu lassen. Der vordere Arm deckt die äußere Körperseite und blockt Angriffe gegen den Kopf, der hintere Arm deckt die Innenseite, vor allem den Bauch. Beide Arme werden so gehalten, daß sie jederzeit auch zu einem Angriff benutzt werden können.
Andere mögliche Karate-Stellungen werden meist nur in Spezial-Kata verwendet und sollen hier unberücksichtigt bleiben.

Gehen

Beim Bewegen von einem Punkt zum anderen bleibt die Hüfte möglichst auf der gleichen Höhe. Der Fuß wird zuerst zum Standbein gezogen, um von da aus, erneut beschleunigt, in die neue Stellung abgesetzt zu werden. Das Vorbeiziehen des Fußes am Standbein erlaubt noch im letzten Moment Veränderungen der ursprünglichen Absicht. Entweder kann man eine andere Stellung einnehmen oder Fußstöße hinzufügen oder auslassen. Immer ist der Karateka gewohnt, aus der Mitte heraus zu arbeiten.

Freie Kampfstellung

Gehen

Vorgehen im Zenkutsu-Dachi

△ Vorgehen im Kokutsu-Dachi

▽ Vorgehen im Kiba-Dachi

Stoß- und Schlagfläche

Man kennt im Karate die unterschiedlichsten Möglichkeiten, seine Hände und Füße zum Angriff oder zur Verteidigung einzusetzen. Hier die wichtigsten Arten.

Faust

Seiken (Fauststoß mit der Vorderseite der Faust)

Bei Seiken wird in der Regel nur mit den Knöcheln des Zeige- und Mittelfingers getroffen.

Uraken (Handrückenschlag)

Bei Uraken treffen die beiden Knöchel am Handrücken auf das Ziel.

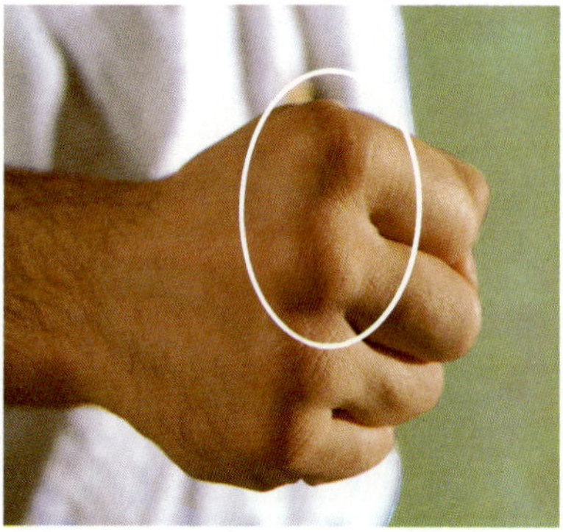

Tettsui (Hammerschlag)

Bei Tettsui trifft der Faustballen. Dazu müssen die Finger besonders fest geschlossen werden, um ein Öffnen und damit Kraftverlust zu vermeiden.

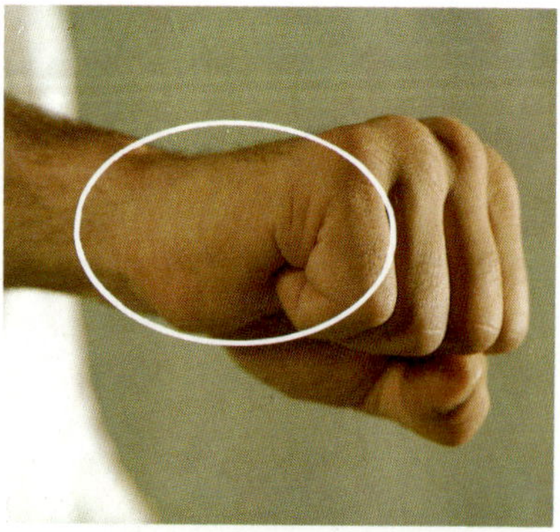

Hand

Shuto (Schwerthand)
Bei Shuto wird die Handballenkante in der Nähe der Handwurzelknochen eingesetzt.

Haishu (Handrücken)
Bei Haishu wird die gesamte, geöffnete Rückseite der Hand als Abwehr oder Angriffsfläche benutzt.

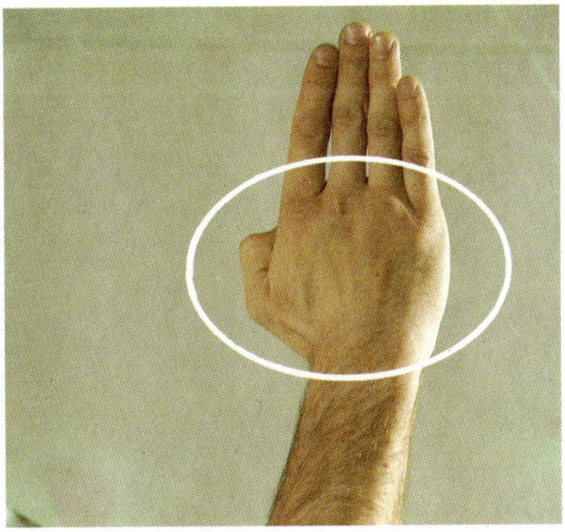

Haito (Innenhandkante)
Haito wird mit der inneren Handkante ausgeführt. Dazu muß der Daumen weit in die Handfläche gebeugt werden. Trefffläche ist etwa der Punkt seitlich der Fingerknöchel.

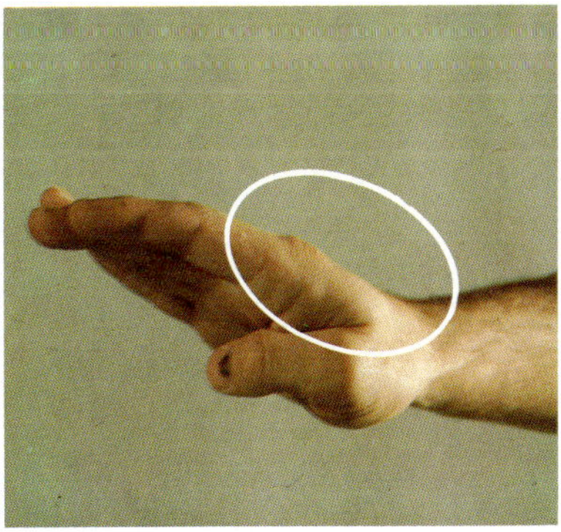

Teisho (Handballen)
Bei Teisho wird, sowohl als Abwehr wie auch als Angriff, mit dem Handballen bei größtmöglichem Abwinkeln im Handgelenk getroffen.

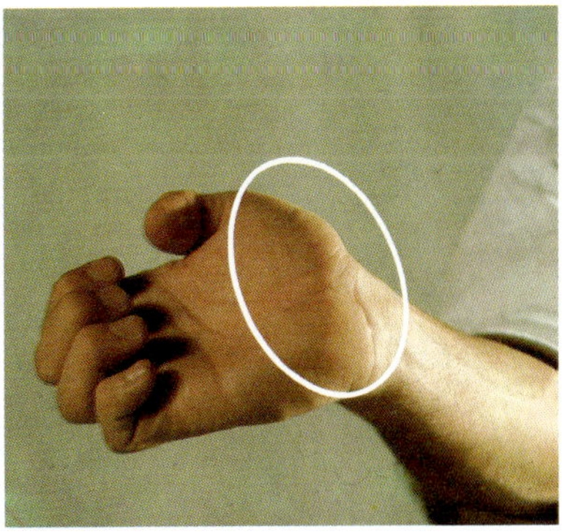

Nukite (Spatenhand)
Bei Nukite werden die Fingerspitzen wie ein Spaten eingesetzt. Der Mittelfinger wird etwas gebeugt, der Daumen seitlich angepreßt.

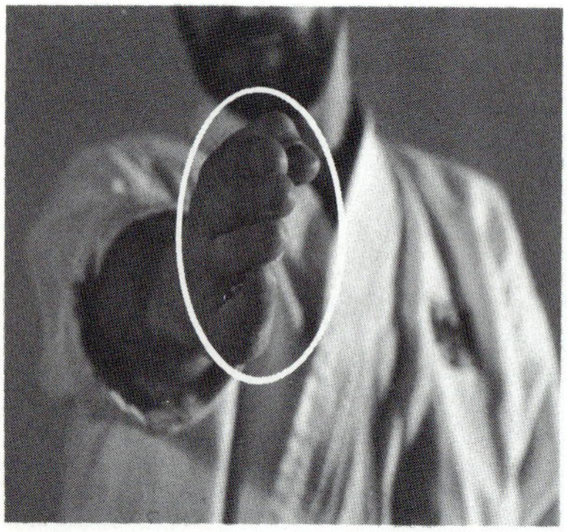

Fuß

Koshi (Fußballen)
Die meisten Fußstöße werden mit dem Fußballen, bei stark gebeugten Zehen, ausgeführt.

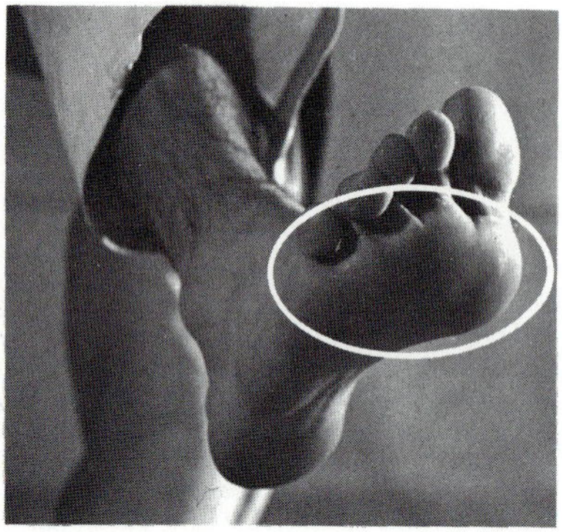

Ellbogen

Empi (Ellbogenstoß)
Bei Empi wird der Ellbogen auf kurze Distanz als Angriffswaffe eingesetzt. Er ist wegen seiner Härte besonders wirkungsvoll.

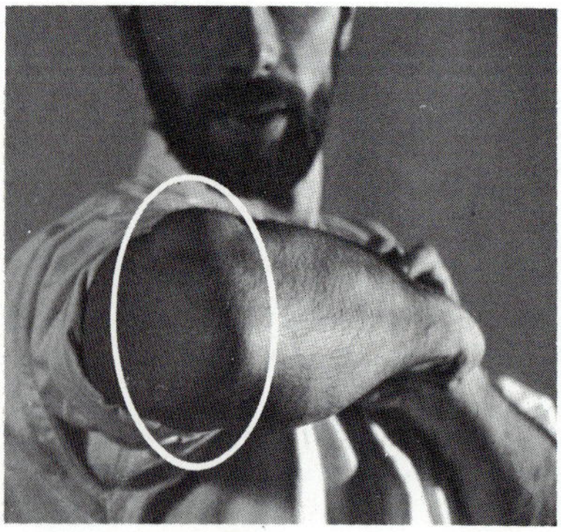

Sokuto (Fußkante)
Bei den seitlichen Fußstößen ist die Fußaußenkante in der Nähe der Ferse die Trefffläche.

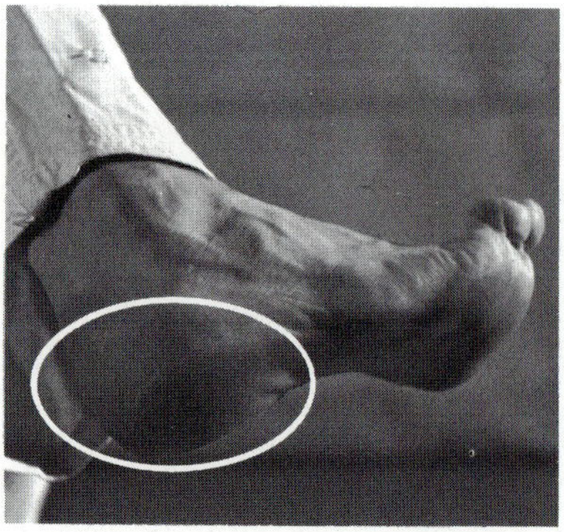

Kakato (Ferse)
Bei einem starken Vorwärtstritt oder beim Rückwärtstritt wird die Ferse als Trefffläche eingesetzt.

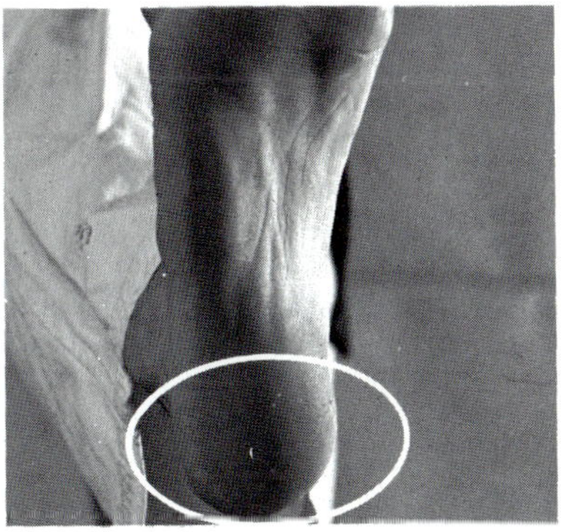

Haisoku (Fußrist)
Haisoku wird beim Tritt zu den Genitalien oder bei Fußstößen zum Kopf benutzt. Bei letzteren dienen sie als Ersatz für den mit dem Ballen getretenen Fußstoß, der aber im Wettkampf zu gefährlich wäre.

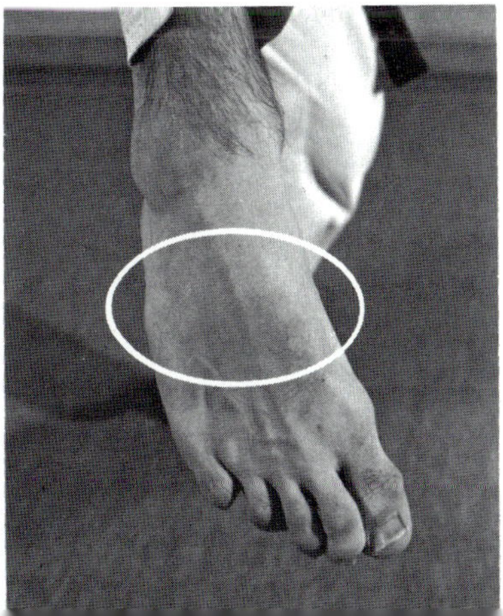

Knie

Hiza (Kniestoß)
Das Knie wird, ähnlich wie bei Empi, nur auf kurze Entfernung haupt-

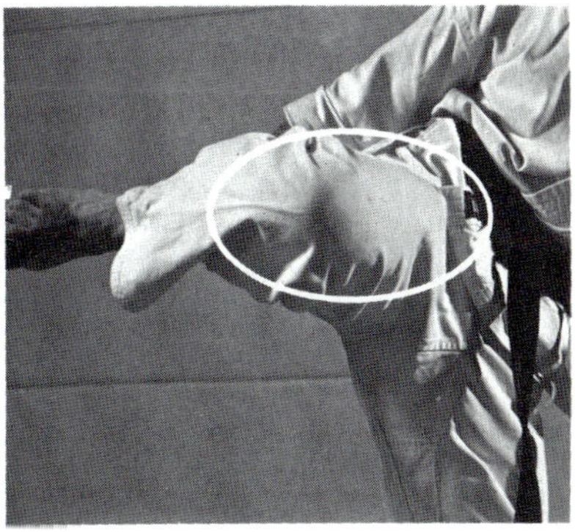

sächlich zum Bauch eingesetzt. Es ist auch als Abwehrblock verwendbar.
Andere noch verwendete Körperflächen bleiben hier, der Übersichtlichkeit wegen, unberücksichtigt.

Abwehrtechnik

Eine Wettkampfszene beim Shotokan-Cup in Budapest

Ausgehend von dem Prinzip, daß ein Karateka nicht als erster angreift, kommen den Abwehrtechniken besondere Bedeutung zu. Grundsätzlich soll eine Abwehr drei Bedingungen erfüllen.

Die Abwehr soll

1. den Angriffserfolg des Gegners verhindern.
2. den Gegner körperlich und geistig an der Fortsetzung seines Angriffs hindern.
3. die günstigste Voraussetzung für den Gegenangriff schaffen.

Um das erreichen zu können, muß der Verteidiger folgende Punkte beachten:

- Zeitpunkt und Art des Angriffs erkennen.
- Die richtige Abwehr wählen.
- Rechtzeitig die Vorbereitung dazu einleiten.
- Im Moment der Abwehr sicher stehen und mit allen Muskeln anspannen.
- Nicht über den Angriff hinaus abwehren.

Alles dies kann nur in jahrelangem, intensivem Training erreicht werden. Rechnet man vielleicht 50 Wiederholungen eines Blocks in einer Stunde so kommt der Übende auf etwa 5000 Wiederholungen im Jahr. Wenn er nach etwa drei Jahren als Fortgeschrittener gilt, hat er vielleicht 15000mal diesen Block ausgeführt. Das ist eines der »Geheimnisse« des Karate. Erst aus dieser sehr hohen Übungszahl ist die traumhafte Sicherheit und hohe Geschwindigkeit der Karate-Techniken zu erklären. Normalerweise gibt es für jeden unterschiedlichen Angriff eine beste Abwehr. Welche Abwehr dies ist, hängt von der Art des Angriffs aber auch von der Situation des Verteidigers beim Angriff ab. In der Grundschule werden die Abwehren den jeweiligen Angriffsstufen zugeordnet.

Age-Uke (Obere Abwehr)
Age-Uke ist die Abwehr des Angriffs zum Kopf (Stufe Jodan). Von der Hüfte zieht die Faust schräg vor die Brust, sodaß sie etwa in Kinnhöhe die Mitte des Körpers erreicht.

An der Hüfte lag die Faust mit dem Ballen an. Vom Kinn aus beginnt der Unterarm auszudrehen, zum Ende der Bewegung zeigt die Kleinfingerseite der Faust nach oben. Der Ellbogen ist hoch, der Unterarm zeigt leicht schräg nach vorn oben. Die Faust ist etwa zwei Faustbreiten von der Stirn entfernt. Der Oberarm ist genau nach vorne gerichtet, sodaß der Angriffsdruck direkt gegen den Körper wirkt und von diesem abgefangen werden kann.
Der andere Arm hat sich vor der Abwehr in einer Technik vor dem Körper befunden. Zu Beginn der Ab-

1

3

2

wehr wird er schwungvoll schräg nach oben ausgestreckt, trifft sich im Zurückziehen etwa in Kinnhöhe mit dem abwehrenden Arm und wird energisch zurück an die Hüfte gerissen. Dabei wird die Faust so gedreht, daß sie mit der Innenseite nach oben zeigt und fest mit dem Faustballen in die Taille gepreßt wird. Dieses Zurückreißen verleiht dem abwehrenden Arm einen zusätzlichen Vorwärtsimpuls und endet in der Vorspannung zum Gegenangriff.

1

2

3

Wichtig
- Die Faust muß spätestens in Kinnhöhe die Mitte erreicht haben, sonst wehrt man eventuell über dem Angriff ab.
- Der abwehrende Arm geht außen vor dem zurückziehenden Arm hoch.
- Die Schulter und Hüfte werden in die Abwehr hineingedrückt, wodurch die Trefffläche für den Angreifer kleiner und die Stabilität der Abwehr größer wird.
- Die Faust muß fest geschloßen werden, damit die Muskeln des Unterarms als Polster wirken.

Fehler
- Ellbogen zu tief,
  Folge: seitlich ungedeckt.
- Faust zu nah am Kopf,
  Folge: der Angriff schlägt durch.

Übungshinweise
- Zuerst im Stand in zwei Zeiten üben:
  1. Zeit: vor dem Kinn kreuzen
  2. Zeit: abwehren.
- Im Gehen sofort ganzheitlich in einem Kommando ausführen.

1

Soto-Ude-Uke (seitliche Abwehr von außen)

Angriffe gegen die Stufe Chudan (Hals bis Gürtellinie) werden auf dem kürzesten Wege seitlich abgewehrt.

Die Abwehr heißt Soto-Ude-Uke. Um sie grundschulmäßig auszuführen, muß man zuerst ausholen. Man hebt die Faust von der Hüfte bis mindestens in Augenhöhe seitlich vom Kopf. Die Faustinnenseite wird

2

3

Soto-Ude-Uke

1

2

3

ausgedreht, so daß der Daumen nach vorne zeigt. Der Oberarm steht waagerecht, der Unterarm senkrecht.
Von dieser Position aus geht die Faust direkt in die Abwehrposition vor dem Körper, wobei die Kleinfingerseite der Faust und die Körperinnenseite sowie der Ellbogen und die Außenseite des Körpers eine Linie bildet. Man kann in die Innenseite der Faust schauen und der Ellbogen ist eine Faustbreite von den Rippen entfernt. Unterarm und Oberarm bilden einen Winkel von 90°. Die Faust steht in Schulterhöhe. Man kann die Faust nach vorne halbkreisförmig oder geradlinig führen, je nachdem ob der Angriff mehr vorbeigelenkt oder mehr gebrochen werden soll.
Mit dem Ausholen streckt sich der andere Arm direkt nach vorne, um anschließend gleichzeitig mit der Abwehr zurückgerissen zu werden.

Wichtig
- Der Arm ist bei der Abwehr leicht von der Schulter fortgeneigt, Abwehrfläche ist der Unterarm am Handgelenk.
- Die Bewegung ist unbedingt an der Körpergrenze zu stoppen, da man sonst neue Blößen öffnet oder das Gleichgewicht verliert.
- Der Hüfteinsatz ist wesentlich für eine starke Abwehr. Man dreht die Hüfte schnell ein und arretiert stark.

Abwehrtechnik

Falsch: der Bauch ist nicht gedeckt

Falsch: falsche Abwehr mit dem Ellenbogen

Fehler

- Faust zu eng oder zu weit vom Oberkörper,
  Folge: zu schwache Abwehr.
- Abwehr mit den Muskeln am Ellbogen,
  Folge: leichtes Verfehlen des Angriffs.

Übungshinweise

- Zuerst im Stand in zwei Zeiten üben:
  1. Zeit: Ausholen
  2. Zeit: Abwehren.
- Danach im Gehen in zwei Zeiten üben:

  Möglichkeit 1:
  1. Zeit: Fuß bis zur Mitte, Ausholen
  2. Zeit: Fuß vorsetzen, Abwehren.

  Möglichkeit 2:
  1. Zeit: Ganzer Schritt vor und Ausholen
  2. Zeit: im Stand abwehren.

1

Uchi-Ude-Uke (seitliche Abwehr von innen)

Greift der Gegner Chudan von außen an oder ist ein Ausweichen nach innen notwendig, wehrt man mit Uchi-Ude-Uke ab. Dabei holt der abwehrende Arm weit unter dem anderen Arm aus, Daumen zum Körper gedreht. Wie ein Peitschenstock schwingt der Oberarm bis an die Körpergrenze und arretiert. Da-

2 3

1

2

3

durch wird der Unterarm doppelt beschleunigt gegen den Angriff geschlagen. Die Endposition ist an der Außenseite des Körpers und sonst wie beim Soto-Ude-Uke. Auch hier achte man vor allem auf die Arretierung im Endpunkt.
Der andere Arm wird wie beim Soto-Ude-Uke direkt aus der gestreckten Position zurückgerissen und verleiht der Hüfte zusätzliche Kraft.

Wichtig

- Den Peitscheneffekt im Ellbogen durch exaktes Arretieren erreichen.
- Je weiter man ausholt, desto kräftiger wird die Abwehr.

Fehler

- Der Ellbogen holt zu kurz aus und wird nicht arretiert,
  Folge: zu schwache Abwehr.
- Die Abwehr wird zu flach (gestreckt),
  Folge: die Abwehr verfehlt den Angriff.
- Die Gegenausholbewegung des anderen Arms ist zu kurz,
  Folge:zu schwache Hüfttechnik.

Übungshinweise

- Übungsfolgen wie bei Soto-Ude-Uke.
- Zusätzlich Übungen mit einer 45 °Ausweichbewegung nach hinten durchführen.

1

Gedan-Uke (Gedan-Barai, untere Abwehr)

Gedan-Uke richtet sich vor allem gegen Fußangriffe, aber auch gegen tiefe Fauststöße. Der abwehrende Arm holt über der gegenüberliegenden Schulter aus, der Daumen zeigt dabei nach oben. Ähnlich wie beim Uchi-Ude-Uke wird zuerst der Ellbogen beschleunigt. Arretiert er an der Außenseite folgt der Unterarm in einer peit-

2

3

1

2

3

schenden Bewegung nach. Der Arm wird eine Faustbreite außerhalb der Körpergrenze arretiert, der Faustballen zeigt dabei nach außen und befindet sich zwei Faustbreiten über dem Knie.

Der Körper ist wie bei allen Abwehrformen 45° abgedreht (Hanmi). Der nicht abwehrende Arm befindet sich schräg vor dem Oberkörper und zeigt mit etwa 45° zu Boden, bevor er kräftig an die Hüfte zurückgerissen wird.

Wichtig

- Der abwehrende Arm darf nicht völlig gestreckt werden, um Verletzungen im Ellbogen zu vermeiden.
- Die Hüfte wird in der Arretierung nach hinten gespannt.

Fehler

- Zu geringes Ausholen, Folge: zu schwache Abwehr.
- Der Oberkörper fällt vor, Folge: Abwehr zu schwach

Übungshinweise

- Wie Soto-Ude-Uke üben.
- Fußabwehren nur mit Ausweichen des Körpers üben.

Da Gedan-Uke im Training häufig zu Verletzungen am Schienbein oder Fußknöchel führt, wenn der Verteidiger ohne auszuweichen blockt, empfehlen sich für die Fußabwehr die folgenden zwei Abwehrarten. Durch den fehlenden Block wird der Angreifer auch eher dazu angehalten, stark anzugreifen. Dabei ist in der Praxis der eine Block von dem anderen kaum zu unterscheiden.

Abwehr mit Kake-Uke

Die Bezeichnung bezieht sich auf die Haltung oder auf die Funktion des Armes. Hier werden zwei bestimmte Formen herausgegriffen:

Kake-Uke (Hakenabwehr)

Bei diesem Kake-Uke wehrt man mit der Außenseite des Unterarms, von außen nach innen ab. Der Daumen zeigt dabei zum Bauch. Da man nicht sehr weit ausholen kann, hat die Abwehr nur Erfolg, wenn der Körper gleichzeitig stark abgedreht, meist in Kiba-Dachi gebracht wird. Damit der Angriff nicht zum Kopf weitergehoben wird, muß der Ellbogen so weit gebeugt werden, daß der Unterarm fast senkrecht zum Boden zeigt.

Wichtig
- Ellbogen beugen, bis der Unterarm fast senkrecht zum Boden zeigt.
- Hüfte stark abdrehen, bis hin zum Kiba-Dachi.

Fehler
- Die Hüfte wird beim Ausweichen gehoben,
  Folge: der Angriff wird in den Oberkorper gehoben.

Übungshinweise
- Aus dem Stand mit einem Bein im Halbkreis zurückweichen und abwehren.

Nagashi-Uke (Fegeabwehr)

Leichter ist diese Form des Nagashi-Uke. Ebenso wie der Kake-Uke wird er von außen nach innen geführt. Abgewehrt wird mit der Innenseite des Unterarms. Auch hier fehlt die große Ausholbewegung, wodurch der Hüftarbeit wieder wesentliche Bedeutung zukommt. Um hier ein Hochführen des Angriffs zu vermeiden wird wieder sehr stark abgedreht und die Schulter des abwehrenden Armes kommt weit mit in die Bewegung hinein.

Wichtig

- Abwehrschulter mit hineindrücken.

Fehler

- Beugen im Ellbogen,
  Folge: Angriff wird hochgeführt.
- Keine starke Verbindung des Armes mit dem Körper,
  Folge: der Arm allein ist zu schwach, um abzuwehren.

Übungshinweise

- Wie Kake-Uke im Stand üben.
- Häufig in versetzter Stellung, beide Partner links oder rechts vorne, mit Mae-Geri-Angriff üben.

1

Shuto-Uke (Schwert-, Handkantenabwehr)

Zu den Arten der Faustabwehr kommt die der Handkantenabwehr hinzu. Ihr eigentlicher Sinn besteht zum einen in der Möglichkeit den angreifenden Arm zu brechen, zum anderen bereiten sie ein Fassen des Armes vor. Stärker ist in jedem Fall die Faustabwehr.

Beim Shuto-Uke holt man weit hinter dem Kopf, auf der gegenüberlie-

2

3

1

2

3

genden Seite aus. Die Handfläche zeigt zum Kopf. Der Ellbogen befindet sich dabei vor dem Kinn. Bei der Abwehr wird wieder der Peitscheneffekt ausgenützt, indem der Ellbogen schnell an die Außenseite geführt wird. Beschleunigt folgt der Unterarm, wobei die Handkante im letzten Moment ausgedreht wird. Dadurch entsteht ein zusätzliches Schockmoment.

Im Augenblick der Arretierung bilden Hand, Ellbogen, Schulter, Hüfte und Fußaußenkante eine senkrechte Ebene. Die zurückgehende Hand wird zuerst ausgestreckt, Handfläche zum Boden, und dann energisch bis zum Solar Plexus zurückgeführt. Dort arretiert sie, Innenfläche nach oben.

Wichtig

- Der Ellbogen darf nicht von der senkrechten Körperebene abweichen, sonst wird der Block zu schwach.
- Weit hinter dem Kopf ausholen.

Fehler

- Handkante zu früh ausgedreht, Folge: kein Schockeffekt.
- Arm zu flach ausgestreckt, Folge: keine Abwehrkraft.
- Die hintere Hand wird zuweit zurückgezogen, Folge: der Solar Plexus ist ungedeckt und der Weg zum Gegenangriff zu weit.

Übungshinweise

- Beim Üben im Stand soll die Hüftseite der zurückziehenden Hand zurückgehen. Dadurch wird die Abwehr richtig vor dem Körper ausgeführt.

Tate-Shuto-Uke
Der Tate-Shuto-Uke ist eine Variante des Shuto-Uke. Bei ihm wird der Arm in der Endphase ganz ausgestreckt. Der Abwehreffekt wird durch Senkrechtstellen der Handkante erreicht. Er ist schwächer als Shuto-Uke und wird mehr als Sicherheitsreserve bei bereits ausreichender Ausweichbewegung benutzt.

Te-Nagashi-Uke (Handfegeabwehr)
Hierbei wird der Angriff mit der offenen Handfläche am Ziel (vornehmlich am Kopf) vorbeigeleitet. Meist wird der Gegenangriff gleichzeitig ausgeführt, sodaß der Angreifer (da er mit dem Angriff beschäftigt ist) diesen nicht mehr abwehren kann. Diese Technik setzt ein so hervorragendes Timing voraus, daß sie befriedigend nur von sehr fortgeschrittenen Karateka beherrscht wird.

Wichtig
- Die Technik soll weiterleiten, nicht blocken.

Abwehr mit Te-Nagashi-Uke und Gegenangriff gleichzeitig

Beidhändige Abwehren

Unter gewissen Umständen wird die Abwehr mit zwei Armen ausgeführt. Das kann notwendig werden bei zu starkem Angriff oder wenn ein Ausweichen des Körpers nicht mehr möglich ist.
Normalerweise ist der einarmige Block mit der Vorbereitung des Gegenangriffs immer dem zweiarmigen vorzuziehen. Die beidhändige Abwehr bleibt also die Ausnahme.

Juji-Uke (Kreuzblock)
Beim Juji-Uke wird der Angriff mit gekreuzten Armen geblockt. Dabei können die Hände geschlossen oder geöffnet sein. Die Arme werden von der Hüfte aus zum Kreuzungspunkt gestoßen. Sind beide Arme aus einer vorherigen Technik auf einer Seite, so wird der Block von dieser Seite aus eingeleitet (wie z. B. in der Kata Heian Yondan). Die Arme werden dabei so geführt, daß die Rückseiten zueinander stehen.

Kreuzblock gegen einen sehr starken Gegner

Morote-Nagashi-Uke

Uke-Zuki (Blockfauststoß)

Der Blockfauststoß stellt eine Sonderform dar. Bei ihm wehrt die eine Hand mit einem Gedan-Barai ab, während die andere auf den gleichen Punkt einen Tate-Zuki stößt.

Morote-Uke-Zuki

Morote-Uchi-Ude-Uke (doppelter Seitblock von innen)

Hierbei macht ein Arm einen normalen Uchi-Ude-Uke. Der andere Arm holt weit neben dem Körper aus. Beide werden gleichzeitig vorgeschwungen. Während der äußere Arm Uchi-Ude-Uke ausführt, stützt ihn der innere Arm mit der Faust seitlich vom Ellbogen ab. Der Stützarm ist so gedreht, daß die Faustinnenseite nach oben zeigt und der Ellbogen an den Rippen anliegt. Der Abwehrarm wird mit dem Faustballen oder mit der offenen Hand des anderen Armes abgestützt.

3

2

1

Morote-Nagashi-Uke (Zweihand-Fegeabwehr)
Wie bei Te-Nagashi-Uke wird der Angriff mit offener Hand vorbeigeleitet. Bei Fußangriffen ist eine Hand zu schwach, weshalb die zweite zur Unterstützung hinzukommt. Ziel ist es, den Gegner durch Weiterleiten so aus dem Gleichgewicht zu bringen, daß der Gegenangriff besonders wirksam wird.

Wichtig
- Die Hände müssen gut gespannt sein, um eine Verletzung durch Hineinrutschen in das Hosenbein oder Kontakt mit dem Angreiferbein auszuschließen.
- Das Timing einer rechtzeitigen Abwehr setzt langjährige Karate-Praxis voraus.

Handtechniken: Stoßen

Grundlage der Karate-Techniken ist der Fauststoß. Deshalb beginnt ein Karateka in der Regel seine Karate-Ausbildung mit dem Fauststoß und trainiert und verbessert ihn, solange er Karate betreibt. Es ist wohl die am häufigsten geübte Karate-Technik.
Eine für das Karate geeignete Faust wird gebildet, indem man die ausgestreckten Finger fest zusammenrollt, bis kein Zwischenraum mehr vorhanden ist. Unter Umständen muß man die Fähigkeit dazu mit Liegestützen auf den Fingerknöcheln erwerben.

Anschließend wird der Daumen unter die zweiten Knöchel gespannt und schließt damit die Faust. Der Faustrücken bildet mit dem Unterarm eine Ebene. Die Faust wird so-

Von der flachen Hand zur Karate-Faust

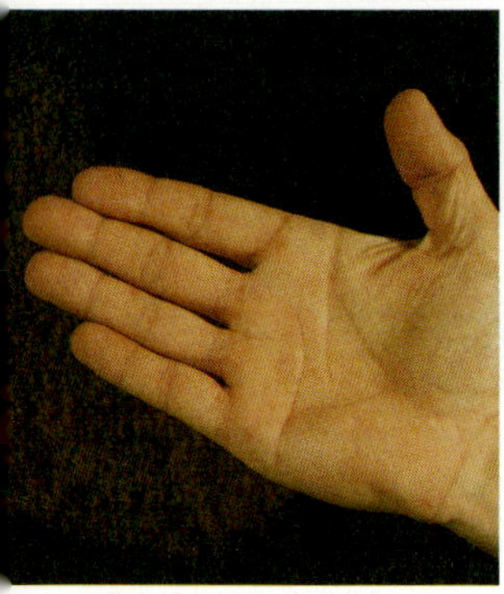

1

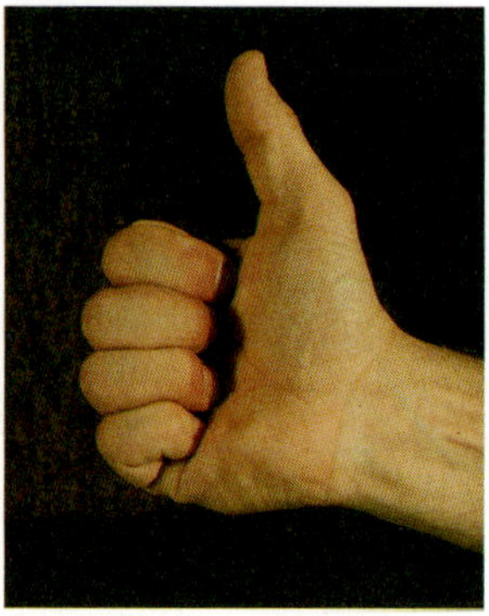

2

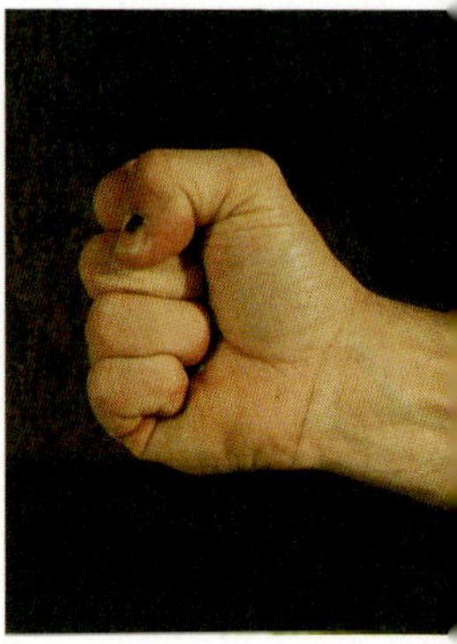

3

4

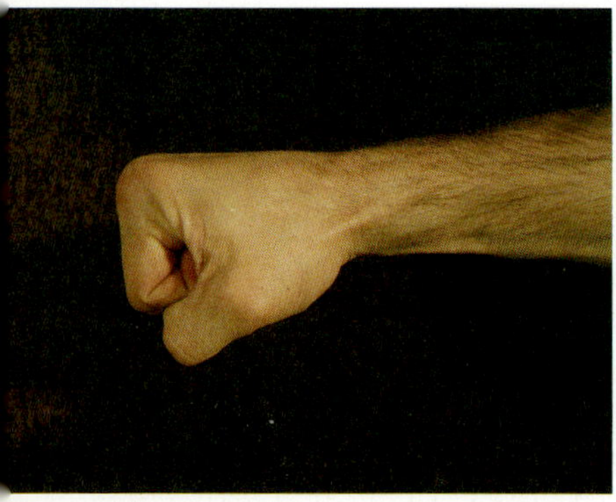

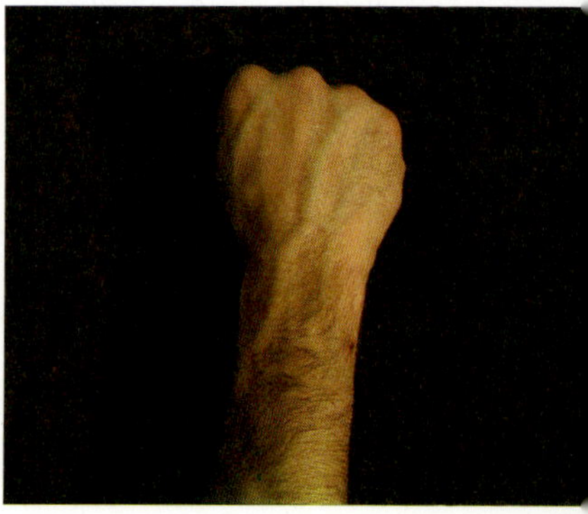

weit nach außen gebeugt, daß der Zeigefingerknöchel eine Linie mit dem Unterarmknöchel bildet, die genau nach vorne zeigt.

Choku-Zuki (Fauststoß im Stand)

Im Stand nennt man den Fauststoß Choku-Zuki. Der vordere Arm ist vor der Ausführung gestreckt und zeigt auf den Solar Plexus des (theoretisch gleichgroßen) Gegners. Die Innenseite weist zu Boden, die andere Faust ruht an der Hüfte, bzw. Taille, über dem Gürtel. Von hier aus wird sie gerade auf das Ziel zu vorgebracht. Um Kraftverluste durch kreisförmiges Stoßen zu vermeiden, muß die Faust von Anfang an sauber innen geführt werden. Wenn die vorgehende Faust die zurückgehende passiert, liegen beide nebeneinander. Die Ellbogen berühren noch die Rippen und die Faustdrehung hat noch nicht eingesetzt. Erst nach diesem Punkt (also nach etwa Zweidrittel der Strecke) beginnen beide Fäuste zu drehen, bis die Innenseite der vorderen Faust zu Boden, die der hinteren nach oben zeigt.

Dieses Eindrehen und Arretieren der Faust ist ein weiteres »Geheimnis« des Karate. **Warum wird die Faust am Ende der Bewegung gedreht?**

Die Enddrehung der Faust hat das Ziel, den äußerst schnellen Stoß an einem Punkt blitzschnell zu stoppen.

1

2

3

4

1

2

3

4

Damit erreicht man einmal, daß der notwendige Bremsweg in eine Drehung am Ort verwandelt wird. Die Faust stoppt an einem vorgewählten Punkt. Zum zweiten erhält der gedrehte Unterarm in dem Moment die notwendige Stabilität, die es ihm erlaubt, ohne Verletzungsgefahr diesen Schock auszuhalten. Erst dies ermöglicht die hohe Übungsintensität in den Fauststößen, die sie so überaus schnell und genau machen.

Der Choku-Zuki soll so ausgeführt werden, daß während der Bewegung alle Muskeln, außer den Beschleunigern (Trizeps, Brustmuskel, Deltamuskel) locker sind. Erst im Moment der Arretierung spannen **alle** Muskeln schockartig an. Dadurch verbindet sich die Geschwindigkeit der auftreffenden Faust mit dem Gewicht des Körpers und sie wirkt im Widerstand gegen den Rückschock wie ein Vorschlaghammer.

Die zurückgehende Faust ist gerade beim Fauststoß besonders wichtig. Nach den physikalischen Gesetzen bewirkt der Beginn des Fauststoßes ein Ausweichen des Oberkörpers. Damit würde man Kraft verlieren. Um das auszugleichen, muß man die Gegenfaust genauso kräftig zurückreißen. Die beiden Kräfte gleichen sich aus, die Faust kann optimal beschleunigt werden.

Phasen des Choku-Zuki

Wichtig

- Die Faust ganz fest schließen.
- Unterarm und Faust in einer Ebene.
- Beide Arme werden gleichzeitig bewegt.
- Lockerung während des Stoßes – Anspannung bei der Arretierung.
- Kräftiges Ausatmen mit dem Stoß.
- Zielpunkt: gegenüber dem eigenen Solar Plexus.

- Die Faust wird zu früh gedreht, Folge: die Faust »tanzt« am Ende auf und ab. Der Schock wird langsamer. Die Verletzungsgefahr im Ellbogen steigt. Der Fauststoß ist zu schwach.
- Fehlendes Ausatmen beim Stoß, Folge: Oberkörperspannung zu gering, daher Fauststoß zu schwach; Preßatmung, dadurch keine Kondition.

Fehler

- Faust nicht fest geschlossen, Folge: die Wirkung verpufft oder die Hand wird beim Auftreffen verletzt.
- Faust nicht in einer Linie mit dem Unterarm,
  Folge: sie knickt ab, wird wirkungslos oder verletzt sich.
- Der Weg der Faust ist kreisförmig,
  Folge: die Technik ist zu langsam, zu schwach und bleibt leicht an der Deckung hängen.
- Die Schulter wird gehoben oder vorgestreckt,
  Folge: der Weg der Faust wird länger, die Wirkung schwächer. Die Muskeln können nicht mehr optimal angespannt werden. Das Gleichgewicht geht verloren. Der Zielpunkt wird ungenau, eventuell der Partner unbeabsichtigt getroffen.

Übungshinweise

- Beide Fäuste ruhen an der Hüfte. Anschließend werden sie beide so vorgebracht, daß sie gleichzeitig vorne eindrehen und nebeneinander liegen. Anschließend zurückziehen.
- Eine Hand bleibt vorne, die andere geht einzeln vor und zurück.

Übung zum Choku-Zuki

1 2

- Beide Hände bewegen sich **einzeln** (ohne Mitziehen der anderen!) **abwechselnd** vor und zurück.
- Beide Hände bewegen sich langsam gleichzeitig gegeneinander vor und zurück.

Alle oben aufgeführten Übungen dienen dem ersten Erlernen der Fauststoßbewegung. Sobald der Schüler nach den ersten 10 bis 50 Wiederholungen das Prinzip der Drehung und des Gegeneinanderbewegens begriffen hat, soll die Bewegung nur noch ganzheitlich geübt werden, um eine fehlerhafte Koordination auszuschließen.

Oi-Zuki (gerader Fauststoß)

Der Oi-Zuki ist meist die erste Karate-Technik, die der Anfänger erlernt. So einfach sie erscheint, beinhaltet sie doch alle Prinzipien des Karate, wie geradlinige Bewegungen, sicheren Stand, Explosivität, starke Arretierung und ein Höchstmaß an Kontrolle.
Ausgehend davon, daß der Anfänger das Gehen im Zenkutsu-Dachi und den Choku-Zuki gelernt hat, fügen wir beides nun zum Oi-Zuki zusammen. Nach einem kraftvollen Vorwärtsschritt erfolgt unmittelbar vor dem Absetzen der Stoß des Armes auf der Seite des vorgehenden Beines. Dadurch verbindet sich

Perfekt gestoppter Oi-Zuki

große Masse und kleinere Geschwindigkeit des Körpers und kleinere Masse und große Geschwindigkeit des Armes zu einer einzigartig dynamischen Technik.
Um diesen doppelten Effekt wirklich ausnützen zu können, muß genauestens darauf geachtet werden, daß die Schrittbewegung genau im selben Moment wie die Stoßbewegung des Armes endet. Da der Arm ca. zehnmal schneller als der Schritt ist, darf der Stoß erst im allerletzten Moment des Vorgehens erfolgen.
Wie beim Gyaku-Zuki erhält der Oi-Zuki seine volle Wirkung erst mit der völligen Anspannung des ganzen Körpers im Augenblick des Auftreffens. Je sorgfältiger die Hüfte beim Vorgehen auf gleicher Höhe wie im Stand gehalten wird, desto direkter, schneller und wirkungsvoller wird die Technik. Eine Auf- und Abbewegung der Hüfte führt zu einer Schwächung und zu einem ungenauen Zielen des Stoßes. Beim Vorgehen ergeben sich drei getrennte Beschleunigungsimpulse. Erst wenn diese drei genau koordiniert werden, ist der Erfolg am größten. Es sind dies:
Der Impuls des hinteren, startenden Beines. Der Impuls des vorderen (von der Mitte ab hinteren) **Beines,** der zur Streckung führt und die Hüftbewegung einschließt. **Der Stoßimpuls des Armes.** Häufig vernachlässigen selbst Fortgeschrittene den zweiten Impuls des zu Beginn vorderen Beines!

Oi-Zuki

Wichtig
- Nahtloses Ineinandergreifen dreier Beschleunigungsimpulse: hinteres Bein, vorderes Bein mit Hüfte und Stoßarm.
- Niedrighalten der Hüfte bei der Vorwärtsbewegung.
- Später Stoß erst im Absetzen.
- Völlige Streckung des hinteren Beines beim Absetzen verbunden mit der Rückspannung des Oberkörpers, um ein Hineinfallen in die Technik zu vermeiden.

Fehler
- Vorlehnen des Oberkörpers zu Beginn und Ende der Technik,
  Folge: langsamere Bewegung, ungenaues Treffen, Gefährdung des Partners und des Ausführenden (Kopftreffer).
- Zu weites Vorstrecken der Stoß-Schulter,
  Folge: keine Arretierung, Umfallen oder Treffen des Partners, kein exaktes Zielen möglich.

- Ferse des hinteren Beines hebt sich während der Bewegung und beim Abschluß,
  Folge: zuviel Vorlage, zu schwache Technik, schwacher Stand, keine schockartige Arretierung möglich.
- Der Blick geht zu Boden,
  Folge: die Technik wird nach unten ausgeführt, der Oberkörper fällt vor.

Übungshinweise

Zuerst getrennt Choku-Zuki und Zenkutsu-Dachi erlernen und üben. Zum Erlernen des Oi-Zuki kann man unter anderen diese zwei verschiedenen Wege auf jeweils zwei Zeiten gehen:

- Möglichkeit eins:
  1. Zeit: erster Halbschritt, Füße geschlossen, noch keine Handtechnik
  2. Zeit: zweiter Halbschritt in die neue Stellung mit dem Faustoß.

- Möglichkeit zwei:
  1. Zeit: den ganzen Schritt ausführen, ohne Handtechnik
  2. Zeit: nur den Fauststoß im Stand ausführen.

Beide Methoden haben etwas für sich. Bei der ersten erlernt man mehr die dynamische und zeitliche Übereinstimmung von Schritt und Stoß. Bei der zweiten kann man sich besser auf die einzelnen Bewegungen konzentrieren und vermeidet in jedem Fall ein zu frühes Stoßen. Am besten werden beide Formen im Anfängertraining benutzt.

Von der direkten Methode, den Anfänger ohne Aufteilung direkt den ganzen Oi-Zuki ausführen zu lassen, muß man abraten. Zuviele Fehler schleichen sich ein, die später mühsam, wenn es überhaupt gelingt, heraustrainiert werden müssen.

Beim Oi-Zuki-Jodan ist darauf zu achten, daß nicht höher als die eigene Augenhöhe gestoßen wird und die Hüfte besonders sorgfältig tief gehalten wird.

Trainingshinweise für Fortgeschrittene

- Oi-Zuki gegen einen zurückgehenden Partner ohne Abwehr stoßen. Dadurch trainiert man die Genauigkeit des Zielens und Stoßens, erkennt die Wichtigkeit eines schnellen Stoßes und erhält ein Gefühl für die große Distanz, über die Oi-Zuki ausgeführt wird!
- Oi-Zuki im Rückwärtsgehen. Dabei erfährt der Fortgeschrittene die Exaktheit seiner Koordination. Nur wenn der Stoß und das Absetzen des hinteren Beines genau übereinstimmen, hat man das Gefühl einer »Vorwärts«-Technik.

Gyaku-Zuki (Gegenfauststoß)

Der Name Gyaku-Zuki kommt daher, daß der Fauststoß immer mit der Hand, die dem vorderen Bein gegenüber liegt, ausgeführt wird. Der Gyaku-Zuki ist wohl die erfolgreichste und häufigste Kampftechnik im Karate. Sie verbindet drei wichtige Karate-Prinzipien:

Erstens soll der Karateka ein Verteidiger, kein Angreifer sein (Gyaku-Zuki ist normalerweise die Kontertechnik des Verteidigers). **Zweitens** wird der Gyaku-Zuki in einer sehr sicheren Stellung ausgeführt und **drittens** kann er trotzdem über eine überraschend lange Distanz angewandt werden.

Der Stoß wird von den Armen genauso ausgeführt wie beim Choku-Zuki. Ein wesentlicher Unterschied ist der Einsatz der Hüfte. Normalerweise ist die Hüfte vor dem Stoß etwa 45° abgedreht. Da sie gegenüber der Faust die größere Masse

Gyaku-Zuki als Konter in den Angriff

hat, wird sie zuerst beschleunigt. Erst wenn sie im Winkel von 90 ° zum Gegner steht, setzt der Fauststoß ein. Die Hüftdrehung endet nur wenige Zentimeter nach der 90 °-Stellung, da sonst der sichere Stand verloren geht. Außerdem würde die Vorwärtsbewegung der Hüfte zum Ziel hin in eine Kreisbewegung übergehen.

In der modernen Ausführung des Gyaku-Zuki ist das Hüftgelenk des vorderen Beines der Drehpunkt, um den herum die Hüfte vorstößt. Dabei wird das vordere Knie zusätzlich leicht vorgedrückt, um Tiefe und Festigkeit der Stellung zu erhöhen. Das hintere Bein gibt den entscheidenden Impuls für die gesamte Bewegung. In der idealen Endstellung muß dabei (um den Rückschock optimal auffangen zu können) die Ferse des hinteren Beines fest am Boden sein. Im heutigen Wettkampfsport ist aber die Geschwindigkeit des Vorbringens und die Länge der Technik unter Umständen wichtiger (vor allem wenn Gyaku-Zuki als Angriffstechnik ausgeführt wird!), so daß ein Heben der Ferse aus diesen Gründen in Kauf genommen wird. Trotzdem sollte man sich immer darum bemühen, daß die Ferse am Boden bleibt.
Auch das Vorbringen der Stoßschulter ist ein Kompromiß zwischen Länge der Technik und Festigkeit der Rumpfmuskulatur. Je weiter die Schulter über den 90 °-Winkel der Hüfte hinausgestoßen wird, desto weniger stabil wird die Muskelverbindung zum Oberkörper. Ideal ist ein Schulterwinkel von weniger als 45 ° nach vorne.
Wenn man alle beschriebenen Bewegungen verbindet, erhält man insgesamt eine schraubenartige Bewegung, die über Hüftvorbringen und –senken einen sehr explosiven aber gefestigten Fauststoß im Stand hervorbringt.
Eine zusätzliche Verlängerung der Reichweite erzielt man durch leichtes Vorsetzen des vorderen Fußes im Moment der Ausführung.

Falsch (1)

Falsch (2)

Falsch (3)

Wichtig

- Gyaku-Zuki ist eine Tief-Vor-Bewegung.
- Zuwenig Drehung ist kraftlos, (da ein Schritt fehlt). Zuviel Drehung wird ebenfalls kraft los, weil die Energie verpufft.
- Die Hauptenergie wird durch die richtige Hüftbewegung aufgebracht.
- Beim Partnertraining soll die Faust des Gyaku-Zuki höchstens eine Faustbreit unter der Schulterhöhe des **Ausführenden** arretiert werden, da sonst die Stoßrichtung des Armes und die gewünschte Kraftrichtung (gegen den Gegner) zu verschieden voneinander sind. Die Höhe des Treffens am Partner wird durch die Tiefe der Stellung kontrolliert, nicht durch den Arm.

Fehler

- Der Oberkörper (die Wirbelsäule) wird nicht in der Senkrechten gehalten, (1)
  Folge: das Gleichgewicht ist gestört und eine kräftige Ausführung aus diesem Grunde nicht möglich.
- Die Schulter hebt sich während der Ausführung, (2)
  Folge: es erfolgt kein direkter Stoß, Energie geht vorbei.
- Die Hüfte bleibt beim Stoß an der Stelle oder dreht sogar zurück, (3)
  Folge: die Hauptkraft fehlt, der Gyaku-Zuki wird deshalb kurz und kraftlos.
- Die Ferse wird gehoben,
  Folge: das Auffangen des Rückschocks entfällt, die Technik wird weicher. Es wird nicht verhindert, daß der Körper überdreht und kippt.
- Die zurückgehende Hand wird zu schwach eingesetzt,
  Folge: der Gyaku-Zuki erfolgt nur aus der Armmuskulatur und wird zu schwach.

Handtechnik

Übungshinweise

- Gyaku-Zuki sollte bereits in der zweiten oder dritten Anfängerstunde, wenn das Gehen im Zenkutsu-Dachi und der Choku-Zuki gelernt wurden, geübt werden. Der Gyaku-Zuki erlaubt viel eher als der Oi-Zuki ein dynamisches Vorgehen, ohne das die Stellung durch den noch unkontrollierten Schwung falsch wird. Dabei muß aber der Stoß gleichzeitig mit dem Absetzen (wie beim Oi-Zuki) erfolgen.
- Bereits der Anfänger sollte durch Partnerübungen das Zielen und das Einschätzen der richtigen Distanz erlernen.
- Beim Partnertraining soll die Faust des Gyaku-Zuki höchstens eine Faustbreit unter der Schulterhöhe des Ausführenden arretiert werden. Sonst ist die Stoßrichtung des Armes und die gewünschte Kraftrichtung (gegen den Gegner) zu unterschiedlich. Die Höhe des Auftreffens am Partner wird durch die Stellungshöhe kontrolliert, nicht durch den Arm.

Trainingshinweise für Fortgeschrittene

- Ein Partner stößt Jodan Gyaku-Zuki der andere Chudan Gyaku-Zuki.
- Der Gyaku-Zuki wird aus dem **Vorrutschen,** ohne Fußwechsel geübt. So ist es ein gutes Training für die Reichweite und das tiefe Eintauchen.
- Bei Fortgeschrittenen ab Orangegurt ist darauf zu achten, daß neben dem Vorbringen und der Arretierung des Gyaku-Zuki vor allem auch das Zurückreißen in Kamae (Jiyu-Dachi), als aktive Phase geübt wird.
- In der Verbindung mit Kizami-Zuki wird der Hüfteinsatz und das Zurückreißen des Gegenarmes besonders gut trainiert.

Falsch: zu tief

Richtig

- In der Kombination mit Fußtechniken wird durch Gyaku-Zuki das Niedrighalten der Hüfte in der Gesamtbewegung verbessert (Mae-Geri/Gyaku-Zuki).

Sanbon-Zuki (Dreifach-Fauststoß)

Der Sanbon-Zuki ist eine Kombination von drei Fauststößen. Zuerst führt man einen Oi-Zuki (also einen Fauststoß im Vorgehen) aus. Dieser wird in der Regel zur Jodanstufe gezielt. Der zweite Fauststoß ist ein Chudan-Gyaku-Zuki im Stand und der letzte, ebenfalls im Stand ausgeführt, ein Chudan-Kizami-Zuki.

Das Herausragende dieser Technik ist die Verbindung der drei wichtigsten Fauststöße. Fehler in einer der Techniken führen unweigerlich zu weiteren Fehlern, so daß nur bei guter und exakter Ausführung aller drei Fauststöße eine gute Kombination gezeigt werden kann. Von der Prüfung zum Orangegurt bis hin zum Schwarzgurt wird diese Technik gezeigt, und man kann hervorragend an ihr ablesen, welche Fortschritte die Technik des Prüflings gemacht hat.

Die Hüftbewegung darf dabei nicht übertrieben werden. Weder erfolgt ein Überstrecken der Hüfte im Oi-Zuki, noch im Kizami-Zuki. Trotzdem soll bei allen drei Stößen die Hüfte spürbar eingesetzt werden.

Wichtig

- Beim ersten Fauststoß (Oi-Zuki) konzentriert man sich ganz auf einen einzelnen Schrittstoß. Wenn man zu sehr an die folgenden Standstöße denkt, wird auch der erste Stoß schwach in seiner Vorwärtsbewegung. Durch den besonders intensiven Vorwärtsimpuls beim Oi-Zuki ergibt sich eine etwas längere Pause zur zweiten Technik. Diese Technik (Gyaku-Zuki) soll unter starkem Einsatz der Hüfte erfolgen, aber so kurz arretiert und zurückgezogen werden, daß man die Faust kaum in der gestreckten Phase wahrnimmt. Im Zurückreißen erfolgt dann der dritte Stoß, der Kizami-Zuki, der wiederum arretiert stehenbleibt.
- Alle drei Stöße liegen auf einer senkrechten Linie in der Mitte des Körpers.
- Es ist unbedingt eine Auf- und Abbewegung der Hüfte zu vermeiden.

Fehler

- Arretierung der ersten Technik zu schwach und zu kurz, Folge: schwache, verwischende Fauststöße ohne Spannung, Pendeln der Arme.

- Kein Hüftschub beim Gyaku-Zuki (weil die Technik eventuell zu schnell ausgeführt wird), Folge: kraftloses Pendeln der Arme ohne Kime.
- Heben der Schulter beim Stoßen, Folge: schwache, ungenau gezielte Fauststöße mit Kraftverlust.

Übungshinweise

- Zuerst auf zwei Zeiten üben:
  1. Zeit: nur Oi-Zuki
  2. Zeit: Gyaku-Zuki / Kizami-Zuki.

  Dabei vor allem auf einen starken Oi-Zuki und eine ruhige Hüftbewegung achten.
- Der Partner markiert mit einer Hand o. ä. die beiden Zielpunkte Jodan und Chudan, so daß die Technik genau zur Mitte und zur richtigen Höhe geführt wird.

Trainingshinweise für Fortgeschrittene

- Sanbon-Zuki gegen einen zurückgehenden Partner durchführen. Dabei wird Jodan-Oi-Zuki zur Kinnpartie gezielt und hat etwa 10 Zentimeter Abstand, während beide Chudan-Techniken etwa zum Solar-Plexus mit leichtem Kontakt geführt werden.

Kizami-Zuki (Prellstoß)

Der Kizami-Zuki ist die kürzeste Fausttechnik. Um sie gut ausführen zu können, bedarf es bereits längerer Karate-Praxis. Sie soll wie ein »Blitz aus heiterem Himmel« ohne Ausholen erfolgen. Dabei stößt der vordere Arm aus einem intensiven Hüftimpuls heraus. Ob der Fuß mitbewegt wird, hängt von der Länge der Bewegung ab. Ein extremes Vorschieben der Schulter, wie früher gelehrt, ist heute nicht mehr üblich, da die Kontrolle über die Technik dadurch abnimmt. Kizami-Zuki wird vor allem bei sehr kurzem Abstand zum Gegner angewandt oder bei Techniken, die in die Angriffsbewegung des anderen hineingehen.

Wichtig

- Die Faust muß auf dem direkten Weg vom Schwerezentrum zum Ziel gebracht werden.
- Schulter und Hüfte werden nur soweit eingesetzt (vorgeschoben), wie es zu einem kräftigen Impuls notwendig ist. Eine übermäßige Vordrehung ist zu vermeiden.
- Da die Technik ohne Ausholen ausgeführt werden soll, kommt der zurückziehenden Hand als zusätzlichem Beschleuniger große Bedeutung zu. Sie ist besonders intensiv zurückzureißen.

Kizami-Zuki

Fehler

- Die Faust wird nicht auf einer Geraden vorgebracht,
  Folge: geschwungene, schwache ungezielte Technik.
- Der Oberkörper fällt vor,
  Folge: kein exakter Arretierungspunkt, eventuell Treffen des Gegners.
- Die Hüfte hebt sich, der Ausführende kommt hoch,
  Folge: die Technik verliert an Kraft und Genauigkeit.

Übungshinweise

- Aus Chudan-Kamae (Jiyu-Dachi) auf ein bewegtes Ziel eines Partners (Hand, Bleistift o. ä.) blitzschnell Kizami-Zuki ausführen.

Trainingshinweise für Fortgeschrittene

- Zwei Partner stehen ca. vier Meter auseinander. Auf drei Kommandos gleichzeitig zusammenrutschen. Beim dritten Kommando führen beide Jodan-Kizami-Zuki aus.
- Später die gleiche Übung ohne Kommando.

Konter mit Uraken in den Angriff

Handtechniken: Schlagen

Im Unterschied zum Stoßen (Zuki) wird beim Schlagen die Technik nicht auf einer geraden Linie vom Körper zum Ziel gebracht, sondern kreisförmig um ein Gelenk herum. Es gibt eine Vielzahl ausgeklügelter Techniken. Hier sollen nur die drei gebräuchlichsten erwähnt werden:

Uraken (Uraken-Uchi) (Faustrückenschlag)

Dem Uraken kommt als einziger Schlagtechnik eine größere Bedeutung im Wettkampf-Karate zu. Weit ausgeholt, extrem beschleunigt wird sie meist an die Schläfe des Gegners gebracht.
Der Peitscheneffekt des Unterarms ist dabei das wesentliche Element dieser Technik. Er entsteht durch

1

2

ein Ausholen des ganzen Armes. Bei der Ausführung wird dann der Oberarm schwungvoll vorgerissen, bis der Ellbogen etwa zum Gegner zeigt. In dem Moment wird der Ellbogen arretiert, und der Unterarm beschleunigt (durch die Radiusverkürzung) wie ein Peitschenhieb zum Ziel.
Voraussetzungen sind jedoch: weites Ausholen des ganzen Armes und starke Arretierung des Ellbogens an der Körpergrenze. Der Uraken kann sowohl seitlich (Yoko-Uraken, wie meist im Wettkampf) als auch von oben (Tate-Uraken, wie manchmal in der Kata) ausgeführt werden.

Wichtig
- Weites Ausholen, starke Arretierung des Ellbogens.
- Keine völlige Streckung des Ellbogens, da sonst die Gefahr des Überschnappens und somit Verletzungsgefahr gegeben ist.
- Als Gegengewicht zur Beschleunigung des Schlagarms wird die Gegenschulter zurückgerissen. Dadurch kommt die Schlagschulter weiter vor.

Fehler
- Zu geringes Ausholen,
  Folge: der Uraken wird zu kurz und schwach.
- Arretierung außerhalb der Körpergrenze,

  Folge: kein im Wettkampf verwendbarer Treffpunkt, somit nutzloses Üben, die Rumpfmuskulatur wird zuwenig in die Arretierung und das Zurückschnappen mit einbezogen und der Uraken verwischt.

Übungshinweise
- Zuerst die ganze Bewegung langsam ausführen.
- Dann zuerst die Streckbewegung langsam bis zur Arretierung und die Rückschnappbewegung schnell durchführen.
  Erst wenn die Rückschnappbewegung schnell und schmerzfrei im Ellbogen beherrscht wird, die Schlagbewegung beschleunigen.

Trainingshinweise für Fortgeschrittene
- Uraken aus der Abwehr Soto-Ude-Uke oder Nagashi-Uke direkt ohne Arretierung der Ab-

wehr üben. Die Abwehr ist dann kein Block, sondern mehr ein Vorbeileiten als Vorbereitung für den Uraken.

- Kombination: aus dem Vorgleiten Uraken/Gyaku-Zuki.
  Die Kombination hat den Vorteil, daß der Gegner beim Uraken die Chudan-Deckung öffnet und so der Gyaku-Zuki gut eintauchen kann. Außerdem ist die Abdrehbewegung der Hüfte beim Uraken die Vorspannung zum Hüfteinsatz des Gyaki-Zuki, der dadurch besonders schnell und kraftvoll wird.

Kombination Uraken/Gyaku-Zuki

1

2

Tettsui-Uchi (Hammerschlag)
Der Tettsui-Uchi ist vor allem aus den verschiedenen Kata bekannt. In manchen Karate-Stilen wird er aber auch als Wettkampftechnik benutzt. Obwohl er eigentlich nicht schwach ist, gelingt es den wenigsten, ihn kraftvoll auszuführen, weil er nur verhältnismäßig selten trainiert wird. Er ist meist mehr eine Verlegenheitslösung.
Auch hier gilt: je größer die Ausholbewegung, desto größer ist die Kraft und Geschwindigkeit im Auftreffpunkt. Dabei ist es gleichgültig, ob der Tettsui-Uchi kreisförmig ausgeholt wird (wie bei der Kata Heian-Shodan) oder in einer Hoch-Tief-Bewegung (wie in der Kata Jion).

Tate-Tettsui-Uchi

Yoko-Tettsui-Uchi

Es muß mit dem Handballen der geschlossenen Faust getroffen werden. Dabei soll im Moment des Auftreffens der Ellbogen möglichst in der gleichen Höhe wie die Faust sein, um die Kraftübertragung des Rumpfmuskels und des Körpergewichts zu gewährleisten.

Wichtig

- Weit ausholen, die Faust fest spannen, Ellbogen beim Auftreffen in Höhe der Faust.

Empi(Empi-Uchi) (Ellenbogenschlag oder -stoß)

Beim Empi-Uchi wird nicht ganz klar, ob er zu den Schlag- oder Stoßtechniken zu zählen ist. Von der Kreisbewegung her ist er ein Schlag. Seine Hauptwirkung kommt jedoch aus einer starken, gleichzeitigen Hüftbewegung, die zu einer stoßartigen Wirkung führt. Egal, wie man es sieht, bleibt der Empi-Uchi eine der härtesten Armtechniken.

Man unterscheidet je nach der Stoßrichtung:

Mae-Empi (gerader Ellbogenstoß)

Yoko-Empi (seitlicher Ellbogenstoß)

Tate-Empi (aufwärtiger Ellbogenstoß)

Otoshi-Empi (senkrechter Ellbogenstoß)

Ushiro-Empi (rückwärtiger Ellbogenstoß)

Yoko-Mawashi-Empi (seitlich kreisförmiger Ellbogenstoß)

Yoko-Empi (seitlicher Ellbogenstoß)

Hier soll nur der Yoko-Empi, der am häufigsten benutzt wird, beschrieben werden.
Der Arm holt völlig gestreckt direkt vor dem Oberkörper aus. Dabei geschieht dies in der Regel über dem anderen Arm, weil dadurch mehr Schulterdynamik erreicht werden kann. In bestimmten Situationen, z. B. nach engen Abwehren, kann ein Ausholen unter dem Arm vorteilhafter sein.
Er wird dann dicht an der Brust vorbei seitlich beschleunigt und arretiert, wenn die Faust genau in Höhe der Schulter ist. In diesem Moment ist der Ellbogen noch kurz vor der Schulterlinie. Das ist unbedingt zu beachten, da der Ellbogen sonst bereits eine Drehbewegung um die Schulter begonnen hat, die den Empi vom Ziel entfernt und schwächt.
Gleichzeitig mit dem Empi erfolgt eine seitliche Rutschbewegung im Kiba-Dachi in den Gegner hinein. Erst diese Hüftbewegung ermöglicht dem sonst zu kurzen Empi, seine Wirkung in den Gegner hinein zu entfalten.
Die Wichtigkeit des Hüftschubs trifft für alle Empi-Techniken zu. Ebenfalls bei allen Empi soll die Faust so eng wie möglich an die Schulter geführt werden. Dies erhöht die konzentrierte Wirkung.

1

2

3

Wichtig
- Weites, gestrecktes Ausholen des Armes.
- Arretierung **bevor** der Ellbogen in der seitlichen Schulterachse ist.
- Gleichzeitige Hüftbewegung mit dem Empi zum Ziel hin!

Fehler
- Kreisförmiges Vorbeischlagen am Ziel.
- Fehlende Spannung in den Armmuskeln bei der Arretierung, Folge: ungenaues Erreichen des Zieles, spannungsloses Auftreffen.

Shuto-Uchi (Schwert-, Handkantenschlag)

Der Shuto-Uchi erfolgt (ebenso wie der Uraken) als eine peitschenähnliche Schlagbewegung. Getroffen wird diesmal mit der Handkante. Wegen der kleineren Trefffläche eignet sie sich besonders, um kleinere Punkte wie Halsschlagader oder auch Kehlkopf sicher zu treffen. Aus dem Wettkampf-Karate nahezu verbannt, gehört sie jedoch als eine Kerntechnik in die Karate-Selbstverteidigung.

Es gibt zwei verschiedene Ausführungen, die rechts nebenstehend in Text und Bild erläutert sind:

Wichtig
- Wie bei allen Schlagtechniken ist weites Ausholen Voraussetzung für eine gelungene Technik.
- Nur maximale Anspannung in der Hand ergibt den gewünschten Erfolg und verhindert Verletzungen an der Hand.
- Der Shotu-Uchi von außen ist erst in der Endphase eine Kreisbewegung. Er beginnt als Stoßbewegung.

Von innen nach außen
Die Ausholbewegung ist die gleiche wie beim Shuto-Uke. In der Endphase streckt sich jedoch der Arm ganz, um größtmögliche Reichweite und Schwung zu erhalten. Als Gegenbewegung dazu wird die hintere Schulter und Hüfte (wie beim Uraken) zurückgerissen.

Von außen nach innen
Die Ausführung beginnt mit dem Ausholen, die Hand dicht am Ohr, Innenfläche ausgedreht, Ellbogen in oder über Schulterhöhe. Von hier aus beschleunigt der Oberarm nach vorne. Im zweiten Teil der Beschleunigung wird der Unterarm mit vorgedrückt, der Ellbogen öffnet sich und in einer kleinen Kreisbewegung trifft die Handkante. Dabei zeigt die Innenfläche nach oben.

Der großartige »Techniker« Brennan (rechts) gegen Bosovič

Fußtechniken

Die Fußtechniken sind ein wesentliches Fundament des Karate. Ohne Fußtechnik wird kaum ein Karateka z. B. einem Boxer überlegen sein, ohne Fußtechniken wäre Karate wie Suppe ohne Salz. Erst die Fußtechniken ermöglichen es, eine Distanz zu seinem Gegner zu wahren, die auch eine Verteidigung gegen mehrere oder waffentragende Gegner erfolgreich werden läßt. Wenn im modernen Wettkampf bedauerlicherweise Fußtechniker und gute Fußtechniken immer seltener werden, so ist dieser Entwicklung um so mehr entgegenzutreten.

Die Karate-Fußtechnik zeichnet sich durch drei Elemente aus:

1. Die Überwindung einer besonders großen Distanz.
2. Das Hervorbringen einer ungeheuer dynamischen Technik durch Verbindung von Fuß und Körpereinsatz.
3. Durch das Zurückschnappen der Technik hat der Ausführende, trotz der Größe der Technik, hervorragende Kontrolle über die Aktionen nach erfolgtem Fußstoß.

Diese drei Elemente machen den Fußstoß zur eigentlichen Haupttechnik des Karateka.

Mae-Geri (gerader Fußstoß)

Beim Mae-Geri wird das hintere Bein aus der schulterbreiten Stellung (Zenkutsu-Dachi) zum Knie des Standbeines gezogen, von dort zum Ziel gestoßen und zurückgefedert, um in der Regel vorne wieder schulterbreit abgesetzt zu werden. Seine besondere Dynamik erhält der Fußstoß durch den vorschnappenden Unterschenkel mit dem gleichzeitigen, starken Hüftschub. Nur wenn beides genau koordiniert wird, hat es die gewünschte (und auch die geforderte) Wirkung. Dabei muß der Oberkörper in der Vorwärtsbewegung Spannung nach vorne haben ohne vorzulehnen. Ein Zurückfallen würde jedoch erhebliche Kraft aus dem Stoß herausnehmen. Besondere Beachtung soll der Mechanik des tretenden Beines geschenkt werden. Hebt man das Knie nur bis zur Waagrechten und tritt dann Mae-Geri, so erfolgt die Bewegung des Unterschenkels auf einer Kreisbahn um das Kniegelenk. Die Trittrichtung zum Bauch des Gegners ist folglich fast senkrecht nach oben und somit kaum wirkungsvoll.

Erst wenn man das Knie **über** die waagrechte Linie anhebt, um es beim Tritt des Unterschenkels in den Gegner hineinzustoßen (oder wieder leicht zu senken), ergibt sich aus der Koordination von Aufwärtsbewegung (im Unterschenkel) und Abwärtsbewegung (im Knie) eine gradlinige Aufwärtsbewegung zum

1

2

3

4

1

2

3

Ziel. Erst von einer Zielregion von der mittleren Brusthöhe an aufwärts verliert sich die Senkbewegung des Kniegelenks.
Der Fuß wird sofort mit dem Hochziehen des Beines (parallel zum Boden) gebeugt und mit angezogenen Zehen in den Stoß mit hineingestreckt.
Man unterscheidet zwei Grundformen, den Mae-Geri-Keage und den Mae-Geri-Kekomi, die auf den nächsten Seiten behandelt werden.

Mae-Geri-Keage
Dies ist der weitaus häufigere Fußstoß, der z. B. im Wettkampf nahezu ausschließlich gewertet wird. Ähnlich wie beim Uraken wird der Unterschenkel peitschend nach vorne geschnappt, um mit dem Kime bereits zurückgerissen zu werden. Für den Ausführenden bedeutet das blitzschnelles Zurückgewinnen von Stand und Kontrolle. Die Treffhöhe sagt nichts über die Ausführung als »Keage« oder »Kekomi« aus.

Mae-Geri-Kekomi

Dieser Fußstoß ist besonders kraftvoll, weil die Körpermasse noch wirkungsvoller eingesetzt werden kann. In der Endphase der Bewegung arretiert das Stoßbein und kann dadurch den Körperstoß (Hüftschub) besser in den Gegner übertragen. Anders als beim Keage kann beim Kekomi auch mit der Ferse (Kakato) getreten werden.

Mae-Geri-Kekomi (Jodan)

Wichtig

- Von der schulterbreiten Stellung eng am Standbein vorbeitreten.
- Das Knie so früh wie möglich über die waagrechte Linie hochreißen.
- Gleichzeitige Schnappbewegung im Unterschenkel, Vorsenkbewegung des Knies, Streckbewegung im Fuß und Vorschub aus der Hüfte.
- Oberkörper mit Vorwärtsspannung aufrecht halten.
- Der Standfuß sollte sich nicht mit der Sohle vom Boden lösen (mit Ausnahme bei sehr hohen Fußstößen).

Fehler

- Vor- oder Zurücklehnen des Oberkörpers,
  Folge: schwacher, druckloser, schlechtgezielter Fußstoß.

- Mangelhaftes Hochziehen des Knies,
  Folge: schlechte Wirkung beim Auftreffen (Vorbeiwischen), Hängenbleiben am Knie des Gegners.
- Herunterhängender Fuß beim Anziehen des Knies,
  Folge: ungespannter Fußstoß, Verletzungsgefahr!
- Herumschwingen der Arme,
  Folge: Vorwarnen des Gegners, langsames Abschließen der Technik (Wiederfinden der Balance), keine Vorbereitung einer Folgetechnik möglich.
- Fehlende Streckung im Fußgelenk,
  Folge: Vorbeiwischen des Fußes am Ziel (Bauch) (siehe Bild unten).

Übungshinweise

- Tritt gegen den Bauch (bzw. das Karategi in Bauchhöhe). Diese Übung sollte man sehr früh beginnen, um das Treffgefühl von Anfang an zu schulen. Dabei soll das Knie nicht ganz durchgestreckt werden! Man sollte diese Übung auch im beiderseitigen Zenkutsu-Dachi ausführen (und nicht mit dem Verteidiger im Hachiji-Dachi), um sofort das Heben über das gegnerische Knie zu üben.
- Übung mit drei Partnern: einer steht als Ziel im Hachiji-Dachi, der Zweite kniet quer dazu in der Bank und der Dritte steht mit dem linken Fuß an der Hand des Knieendes und tritt Mae-Geri.

Falsch: »nach oben« Treten

Diese Übung dient ebenfalls dem frühen Hochziehen des Beines, der guten Rückschnappbewegung und dem hohen Zurückführen des Beines.

- Aufstellung wie in der ersten Übung, aber im Gehen und mit zweimaligem Treten: einmal im Stand, also hinten absetzen, beim zweiten Mal im Gehen, also vorne absetzen. Dabei darauf achten, daß der zweite Stoß genauso hoch und schnell gemacht wird wie der erste.

- Im Gehen auf zwei Zeiten:
  1. Zeit: Ausführen des Fußstoßes bis zum Zurückschnappen im Stand
  2. Zeit: Absetzen nach vorne.

Trainingshinweise für Fortgeschrittene

- Zwei Partner stehen sich gegenüber:
  abwechselnd Mae-Geri im Stand zum Bauch treten.
- Zweimal Mae-Geri: erster im Stand bis zum Zurückschnappen, zweiter von der Mitte aus erneut treten und absetzen.
- Mae-Geri/Gyaku-Zuki:
  Diese Kombination fördert das Tiefhalten der Hüfte beim Mae-Geri und das weite tiefe Absetzen nach dem Tritt.

Yoko-Geri (seitlicher Fußstoß)

Der seitliche Fußstoß ist eine der schönsten und wirksamsten Fußtechniken. Durch die besondere Wucht, aber auch die besondere Schwierigkeit sie zu kontrollieren, wird der Fußstoß kaum im Wettkampf angewendet und noch seltener von den Kampfrichtern bewertet. Es gibt aber kaum eine Kata ohne Yoko-Geri.
Wie schon beim Mae-Geri unterscheiden wir Yoko-Geri-Keage und -Kekomi. Dabei ist der Yoko-Geri-Keage eigentlich eine Verteidigungstechnik, die ein seitliches Blockieren eines starken Angriffes ermöglicht und wegen des sofortigen Zurückschnappens, einen direkten Gegenangriff erlaubt.
Der Yoko-Geri-Kekomi dagegen ist ein hervorragender Angriffsstoß. Er nützt die große Reichweite der Fußtechniken und die Wucht und Dynamik des gestreckten Stoßbeines mit der Unterstützung der eingedrehten Hüfte aus.

Yoko-Geri-Keage

Der Yoko-Geri wird normalerweise aus dem Kiba-Dachi ausgeführt. Zuerst setzt das hintere Bein kurz vor das vordere über. Dabei wird **sofort** das Gewicht auf den übergesetzten Fuß verlagert. Aus dieser Stellung kann man sowohl Yoko-Geri-Keage als auch -Kekomi treten. Beim -Keage wird der Fuß in einer direkten Linie vom Boden zum Ziel gebracht. Entscheidend für die Wirksamkeit und Richtigkeit der Technik ist dabei das Führen des Stoßfußes auf einer Linie zum Ziel. Dies wird durch die ausgleichende Bewegung des Knies erreicht. Fehlt die Kniebewegung (zuerst vor den Körper ziehen und dann in den Stoß hineinstrecken), so wird der Fußstoß entweder zu einem gymnastikartigen Hochschwingen oder zu einem Mawashi-Geri. Mit Erreichen des Zieles wird der Fuß zum Knie des Standbeines zurückgeschnappt, um von dort aus abzusetzen. Getroffen wird (siehe Trefffläche Sokuto) mit der Außenkante.

1

2

Yoko-Geri-Kekomi

Der Yoko-Geri-Kekomi unterscheidet sich nur in zwei Punkten vom -Keage. Zum einen wird das Bein, da es kraftvoller und waagrechter getreten werden soll, vor dem endgültigen Stoß angezogen, um dann, zusammen mit der Hüfte zum Ziel katapultiert zu werden; zum anderen arretiert das Bein im Kniegelenk kurz bei Erreichen des Ziels.

Entscheidend für eine richtige, kraftvolle Ausführung ist letztlich der seitliche Hüftimpuls.

3 Endphase des Yoko-Geri-Keage

Endphase des Yoko-Geri-Kekomi

Richtig: Gerades Hochziehen

Falsch: Fuß außerhalb der Linie

Wichtig

- Der Fuß wird (von der Körperseite gesehen) auf einer geraden Linie vom Boden ins Ziel gebracht.
- Da mit der Fußaußenkante getroffen wird, müssen die Zehen mindestens waagrecht zur Seite zeigen (besser: leicht nach unten).
- Der seitliche Hüftimpuls ist entscheidend für die richtige kraftvolle Ausführung des -Kekomi.

Fehler

- Das Knie bleibt neben dem Körper (anstatt vor dem Körper), Folge: der Fuß schwingt seitlich oder von hinten zum Ziel. Kein Stoß möglich.
- Zehen nach oben gestreckt, Folge: kein Treffen mit der Außenkante möglich, die Kraft des Fußstoßes wird aufgehoben, Verletzungsgefahr!
- Der Oberkörper fällt vor, Fuß, Gesäß und Oberkörper bilden keine Linie mehr, sondern ein Dreieck, Folge: schwacher Fußstoß, Gleichgewichtsverlust, schlechte Kombination mit anderen Techniken.

Übungshinweise

- Gutes Vordehnen bereits in der Gymnastik (seitliches Auflegen des Fußes auf die Schultern des Partners.
- Mit einem Partner folgendermaßen üben:
  Ein Partner steht normal, Arme vor der Brust verschränkt, der andere seitlich zu ihm. Üben auf zwei Zeiten (später in einer).

  1. Zeit: Fuß über die verschränkten Arme treten, ablegen,
  2. Zeit: zurücksetzen.

Partnerübung

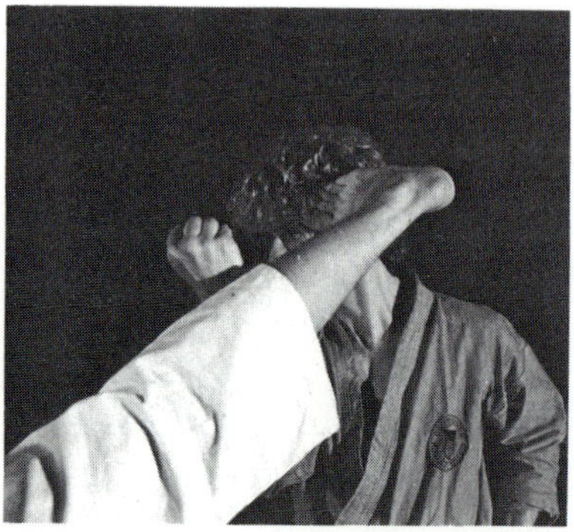
Mawashi-Geri um die Deckung

- Yoko-Geri gegen die Wand treten und in der Technik stehen bleiben. Nur wer das Bein hoch genug ansetzt und Druck vom Standbein her entwickelt, schafft es, an der Wand stehen zu bleiben.

Trainingshinweise für Fortgeschrittene

- Yoko-Geri-Keage im seitlichen Gehen. Dabei, bevor der Fuß absetzt, ein weiteres Mal Yoko-Geri-Kekomi treten.
- Yoko-Geri-Kekomi aus Kokutsu-Dachi mit dem vorderen Bein.
- Um die seitlichen Hebemuskeln zu trainieren, kann man den Yoko-Geri mit schweren Schuhen (Ski-Schuh, Eisenschuh) ausführen.

Mawashi-Geri (Kreisfußstoß)

Der Mawashi-Geri ist eigentlich entwickelt worden, um einen Gegner um die Abwehr herum noch treffen zu können. Oder anders ausgedrückt, wenn der direkte Weg auf den Gegner zu versperrt ist, gelingt es manchmal, ihn von der Seite her zu erreichen.
Im Gegensatz zum Mae- und Yoko-Geri wird der Mawashi-Geri im Wettkampf fast ausschließlich zum Kopf getreten. Das erfordert eine

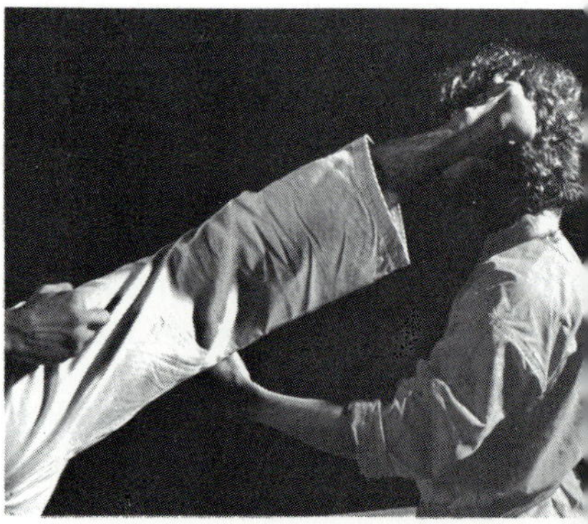
Mawashi-Geri mit dem Fußballen

1

2

hohe Gelenkigkeit. Er wird daher meist nur von Spezialisten getreten, die über die dazu notwendige Flexibilität verfügen.
In der Technik unterscheiden wir die grundschulmäßige und die wettkampfmäßige Ausführung.

Bei der Grundschulform wird der hintere Fuß direkt zur Hüfte hochgezogen. Dabei bilden Knie, Unterschenkel und Fuß eine waagrechte Ebene seitlich vom Körper, die Zehen des Stoßfußes sind angezogen und zeigen nach vorne. Jetzt dreht der gesamte Körper im Standbein soweit vor, bis das Knie des tretenden Beines fast auf einer Linie zwischen dem Ausführenden und dem Ziel ist. Jetzt erst schnappt der Unterschenkel im Kniegelenk vor und sofort wieder zurück. Es ergibt sich dadurch ein Peitscheneffekt, wie er ähnlich beim Uraken-Uchi, dem Faustrückenschlag, vorkommt.

Getroffen wird mit dem Fußballen seitlich vom Ziel. Dabei dreht der Fuß des Standbeines leicht mit der Ferse nach vorne, wird aber beim Absetzen wieder zurückgedreht. Beim Zurückschnappen kann man sowohl nur den Unterschenkel zurücknehmen (um in einer Kombination, z. B. Mawashi-Geri/Gyaku-Zuki, fortzufahren oder sich durch das angezogene Bein zu schützen) oder auch bereits wieder die Hüfte etwas zurückdrehen.

Endphase Mawashi-Geri-Jodan

Wettkampfform (im Ansetzen)

In der Wettkampfform wird der Fuß wie beim Mae-Geri erst zum Standbein, eventuell sogar zum Knie vorgezogen, bevor das seitliche Kippen der Hüfte und seitliche Heben des Beines beginnt. Das hat den Vorteil, daß der Gegner erst im allerletzten Moment erkennt, daß der Mawashi-Geri geplant und getreten wird. Ohne dies ist ein Erfolg im Wettkampf unwahrscheinlich.
Die zweite wettkampfmäßige Veränderung wird beim Auftreffen im Fuß vorgenommen. Um die Verletzungsgefahr am Kopf zu verringern, tritt man im Wettkampf nicht mit dem Fußballen, sondern mit dem Spann (siehe Foto unten). So ist, bei guter Ausführung, das kontrollierte Berühren der Haare, selbst bei rasanten Fußstößen, möglich. Grundsätzlich sollte der Anfänger die ersten Jahre ausschließlich und der Fortgeschrittene auch weiterhin die grundschulmäßige Form üben und im Kihon-Training beibehalten. Sie ist sehr viel stärker als die wettkampfmäßige Form.

Wichtig
- Frühes Hochziehen des tretenden Beines und Einsatz der gesamten Hüfte.
- Grundschulmäßiges Treten erfolgt immer mit dem Ballen, nicht mit dem Spann.
- Sofortiges Zurückschnappen des Unterschenkels.

Fehler
- Hochziehen des Beines zu spät,

Mawashi-Geri mit dem Spann

Brennan gegen Mori mit Mawashi-Geri

Folge: zu schwacher Drehimpuls, zu schwache Technik.

- Treten mit dem Spann in der Grundschule oder im Chudan-Bereich,
  Folge: zu schwache Technik, keine Wertungschance, Verletzungsgefahr!
- Abkippen des Oberkörpers beim Tritt,
  Folge: kraftloser, ungenauer Tritt.

Falsch: Oberkörper abgekippt

- Kein Vordrehen der Ferse des Standfußes,
  Folge: die Hüfte bleibt zurück und fehlt für die Dynamik.

Übungshinweise

- Ausführung auf zwei Zeiten:
  1. Zeit: Treten und das zurückschnappende Bein an der Hüfte mit dem Arm festhalten (Stand auf einem Bein)
  2. Zeit: Absetzen. Oder:
  1. Zeit: Bein hochziehen zur Hüfte (Stand auf einem Bein)
  2. Zeit: Mawashi-Geri ausführen und absetzen.

- Partnerübung:
  Ein Partner steht mit verschränkten Armen etwa 45° abgedreht gegenüber, der andere tritt aus Heisoku-Dachi (geschlossene Füße) oder Zenkutsu-Dachi Mawashi-Geri gegen den Bauch oder die Brust.

Trainingshinweise für Fortgeschrittene

- Zwei Partner im Stand gegenüber, der eine tritt mit an die Hüfte gezogenem Bein fortlaufend 5 bis 10 Mawashi-Geri ohne abzusetzen gegen den Bauch des um 45° abgedrehten Partners.
- Zwei Partner im Zenkutsu-Dachi, beide das linke Bein vorne:

  1. Zeit: im Gehen (der andere geht dabei zurück) Mawashi-Geri auf die Schulter, hinter den Kopf legen (treten)
  2. Zeit: im Stand absetzen.

- Mawashi-Geri aus Kokutsu-Dachi mit dem vorderen Bein treten.

Partnerübung für Mawashi-Geri

Ushiro-Geri (Rückwärtsfußstoß)

Ushiro-Geri ist ein recht moderner Fußstoß. Er wurde erst in den 70er Jahren populär und verbreitet trainiert. Der Ausführende tritt dabei aus der Grundstellung (Zenkutsu- oder Kokutsu-Dachi) mit dem hinteren Bein. Wird der Gegner davon überrascht, hat er kaum die Möglichkeit, den Stoß abzuwehren. Im Wettkampf werden jedoch die meisten Ushiro-Geris bereits in der Drehung erkannt und ein Treffer kann durch Ausweichen vermieden werden. Er kann sehr gut dazu benutzt werden, die Deckung des Gegners zu öffnen, da, anders als z. B. beim Mae-Geri, die empfindlichen Zehen und das Schienbein nicht von der Abwehr getroffen werden.

Der Ushiro-Geri wird durch die Drehung der Hüfte und des Oberkörpers rückwärts zum Gegner hin eingeleitet. Dabei verlagert sich das

Ushiro-Geri

1

2

3

4

5

6

Endphase des Ushiro-Geri

Körpergewicht auf das vorher vordere Bein. In der zweiten Phase tritt das vorher hintere Bein in einer geraden Linie vom Boden ins Ziel. Um diese Geradlinigkeit zu erreichen, muß, ähnlich wie beim Mae-Geri, das Knie zuerst leicht gebeugt werden, um dann explosiv in den Stoß gestreckt zu werden. In der Regel tritt man den Ushiro-Geri mehr in einer Kekomi-Form, d. h. mit kräftiger Arretierung zum Schluß. Man kann ihn aber auch schnappend zurückreißen. Trefffläche ist die Ferse.

Der Oberkörper muß, um das Gleichgewicht zu halten und um einen weitreichenden Stoß zu ermöglichen, leicht aus der Senkrechten gekippt werden. Er beschleunigt auch als Gegengewicht das Hochreißen des Stoßbeines.

In der Wettkampfausführung des Ushiro-Geri kann dies Wegkippen, je nach Gelenkigkeit des Tretenden verstärkt oder weggelassen werden. Ebenso wird, ähnlich wie beim Mawashi-Geri, auch weniger mit der Ferse getroffen, was zu erhebli-

chen Verletzungen führen könnte, als mit der ganzen Sohle. Man sollte jedoch im Training die unterschiedliche Form der Grundschul- und Wettkampfausführung beibehalten. Die Absetzbewegung, verbunden mit der Weiterdrehung der Hüfte und des Oberkörpers, beginnt erst nach dem Zurückziehen des Stoßbeines.
Hier liegt einer der häufigsten Fehler beim Ushiro-Geri begründet. Wenn der Ausführende bereits im Stoß die Weiterdrehung des Oberkörpers einleitet (oder sie gar nicht unterbrochen hat!), wird aus dem Ushiro-Geri eine Art Yoko-Geri, der meist am Ziel vorbeiwischt.

Wichtig
- Der Stoß beginnt mit der Drehung der Hüfte, wird aber bei fixierter Hüfte beendet.
- Die Stoßbewegung des Beines entspricht einem umgekehrten Mae-Geri.
- Die Weiterdrehung zum neuen Stand erfolgt erst nach erfolgtem Stoß.

Fehler
- Ushiro-Geri in einer einzigen, unabgesetzten Drehbewegung, Folge: der »Stoß« wischt am Ziel vorbei oder trifft kraftlos geschwungen.
- Der Oberkörper bleibt in der Senkrechten,

Falsch: Ausführung wie Yoko-Geri

Folge: bei mangelnder Gelenkigkeit hat der Fußstoß weder Reichweite noch Dynamik.
- Der Ausführende setzt zu Beginn der Bewegung das vordere Bein nach innen,
Folge: zwar wird die Drehung erleichtert, jedoch warnt man den Gegner vor, daß ein Ushiro-Geri folgt, und er kann ausweichen.

Übungshinweise
- Üben in drei Zeiten:
  1. Zeit: rückwärtiges Eindrehen. Das Stoßbein bleibt noch hinten (in Zehenrichtung **vor**) dem Standbein, der Blick ist bereits weitergedreht zum Ziel.
  2. Zeit: Ausführung des Trittes und Zurückziehen zur Hüfte oder zum Boden.
  3. Zeit: Weiterdrehen des Körpers und Absetzen des Stoßbeines.

- Später in zwei Zeiten, dabei werden die Zeiten eins und zwei zusammengezogen.
- Zwei Partner stehen voreinander, Rücken zum Gesicht. Der Rückwärtsstehende tritt aus dem Stand nur Ushiro-Geri und setzt das Bein wieder zurück (bei Ausführung in zwei Zeiten hält der stehende Partner den Fuß am Bauch fest und richtet, falls nötig, die Zehen nach unten).
- Ushiro-Geri mit Partner im Gehen. Beide stehen links vorne im Zenkutsu Dachi:
  1. Zeit: der Verteidiger geht einen Schritt zurück und der Angreifer tritt Ushiro Geri.
  2. Zeit: Absetzen.

Trainingshinweise für Fortgeschrittene

- Üben des Ushiro-Geri aus einer Rückwärtsbewegung, z. B. Zurückgleiten in Kokutsu-Dachi und Treten von Ushiro-Geri.
- Erfolgt der Ushiro-Geri auf engstem Raum oder geht der Verteidiger im gleichen Moment vor, so wird der Fußstoß zum Ushiro-Mawashi-Geri abgewandelt. Die Bahn, auf der der Tritt vorgebracht wird, verläuft kreisförmig um das vordere Bein und das Auftreffen ebenso. Verbunden mit einer Schlagbewegung des Unterschenkels und der Fußsohle hat auch dieser schwächere Fußstoß ausreichende Wirkung.

1

2

1

2

3

4

Die einzelnen Phasen des Ushiro-Geri mit einem Partner

Ura-(Ushiro-)Mawashi-Geri (kreisförmiger Rückwärtsfußstoß)

Der Ura-Mawashi-Geri ist erst durch Kämpfer wie Terry O'Neal, Jürgen Willrodt und den Autor dieses Buches bekannt geworden. Geboren wurde er aus einer immer perfekter werdenden Deckung des Verteidigers, die den Angreifer mehr oder weniger zwang, um sie herum zum Ziel zu kommen. Gelingen kann diese Technik nur Kämpfern mit extrem gelenkiger Hüfte und einem perfekten Timing.
Ziel ist es, den Gegner auf engstem Raum derart anzugreifen, daß der Angriff hinter der Verteidigungslinie der Arme erfolgt. Das hat zur Folge, daß man bereits geschlagen ist, falls der Angriff nicht genau zum richtigen Zeitpunkt erfolgt.
Ein zusätzlicher Vorteil dieser Technik ist der, daß dem Verteidiger,

Willrodt mit Ura-Mawashi-Geri

wenn es gelingt, den Angriff durchzuführen, kaum eine Angriffsfläche geboten wird.
Der Ura-Mawashi-Geri unterscheidet sich vom Ushiro-Mawashi-Geri dadurch, daß er ohne Drehung (entweder mit dem vorderen oder dem hinteren Bein) getreten wird. Der Ushiro-Mawashi-Geri wird wie der Ushiro-Geri mit einer ganzen Drehung des Körpers getreten. Dabei trifft im Wettkampf die Fußsohle, während die härtere Ausführung mit der Ferse getreten wird.
Man unterscheidet drei grundsätzliche Formen:

1 Linker Fuß rutscht vorwärts

2

Ura-Mawashi-Geri mit dem vorderen Bein

Diese Technik ist die schnellste, kürzeste und sauberste Form. Meist ist der Gegner völlig überrascht, so daß auch kaum eine Gegenwehr erfolgt. Sie gelingt am besten gegen unerfahrene Gegner oder solche, die sich zu sicher fühlen. Gegen zurückweichende Gegner ist sie kaum anzuwenden. Dabei muß in der Ausführung der Fußstoß leicht eingesprungen werden, da sonst die Reichweite nicht ausreicht, um seitlich vom Kopf zu treffen.

Ura-Mawashi-Geri mit dem hinteren Bein

Dies ist die bekannteste Form. Der Angreifer zieht das hintere Bein vor dem Körper hoch, so daß der Verteidiger auf einen Mae- oder Mawashi-Geri reagiert, um dann von der seitlichen Umgehung zum Ura-Mawashi-Geri überrascht zu werden. Eine andere Möglichkeit ist, den Fußstoß in dem Moment auszuführen, da der Gegner in einem Angriff an einem selbst vorbeigeht.

1

2 Anziehen wie Mae-Geri

3

1

2

3

Ushiro-Mawashi-Geri

Hierbei vollzieht der Ausführende eine ganze Drehung, beginnt mit der Beinarbeit wie beim Ushiro-Geri, hebt aber dann das Stoßbein abschließend in Kopfhöhe, um seitlich vom Kopf zu treffen. Diese Technik ist enorm schwierig und setzt ein Höchstmaß an Körperbeherrschung voraus. Die häufig zu sehende Form, daß der Fußstoß einfach an dem (inzwischen zurückgewichenen) Kopf vorbeigeschwungen wird, ist sträflicher Leichtsinn und sollte von Trainern und Kampfrichtern sofort mit allen Mitteln unterbunden werden!

Wichtig

- Voraussetzung für diesen Fußstoß ist besondere Gelenkigkeit und langjährige Karatepraxis.
- Die Sicherheit des Verteidigers, d. h. die Kontrolle der Technik im Ziel ist oberstes Gebot.

Fehler

- Abkippen des Oberkörpers beim Tritt,
  Folge: keine Spannung und keine Masse im Tritt, der Fußtritt kann höchstens noch berühren oder unkontrolliert getreten werden. Kein sicherer Stand nach der Aktion.

- Keine oder zuwenig Bewegung des Oberschenkels im Knie zum Ziel hin,
  Folge: keine Wirkung des Fußtritts, leicht abzuwehren.
- Zu großer Abstand der Kämpfer bei der Ausführung,
  Folge: das Bein kann nicht um die Deckung herumgeführt werden.

Übungshinweise
- Gelenkigkeitstraining.
- Trainieren des Bewegungsablaufs in langsamer Form.
- Halteübungen am Ende der Bewegung.
- Ausführung des Fußtrittes mit Festhalten am Arm des Partners.

Perfektes Timing gegen den Angriff

Trainingshinweise für Fortgeschrittene
- Trainieren des Ansatzes, so daß der Ansatz von Ashi-Barai, Mae-Geri, Mawashi-Geri und Ura-Mawashi-Geri nicht unterschieden werden kann.
- Training des Fußschlages gegen ein Ziel (Hand oder Sandsack).
- Ausführung der Technik innerhalb eines langsamen Randori, um das schwierige Timing zu üben.

Halteübung

Partnerübung

Kumite (Kampftraining)

Neben der Grundschule ist das Kumite (das Partner- oder Kampftraining) der zweite wichtige Teil des Karate. Erst in Zusammenarbeit mit einem Partner oder Gegner erkennt man die zeitliche oder räumliche Wirkung der Grundtechnik. Es gibt viele erstklassige Techniker, denen es trotzdem nicht gelingt, ihre Techniken wertbar im Wettkampf einzusetzen. Umgekehrt können dagegen Kämpfer mit stilistisch wenig ansprechenden Techniken Punkte erzielen und Kämpfe gewinnen. Beides jedoch ist die Ausnahme. Normalerweise gelingt es umso besser eine Wertung zu erzielen, je exakter die Grundtechnik ist.

Ziel des Kumite-Trainings ist es also, die in der Grundschule erlernte, saubere Technik mit einem Partner so einzuüben und zu trainieren, daß sie in Distanz und Timing größten Erfolg verspricht. Dazu gibt es, je nach Ausbildungsstufe, verschiedene Kumite-Formen. Jede Form verfolgt bestimmte Ziele. Daher sollte man diese Ziele kennen, um das Partnertraining sinnvoll einsetzen zu können.

Es gilt folgender Leitgedanke:

Von der einfachsten Partnerübung, bei der jede Bewegung festgelegt ist, entwickelt man sich gleichmäßig hin zur letzten, freiesten Stufe, dem freien Kampf.

Hat man diese letzte Stufe nach etwa ein bis zwei Jahren erreicht, benutzt man trotzdem immer wieder die »Anfänger«-Übungen, um bestimmte Fehler oder Schwächen zu korrigieren. Dabei sollte die besondere Form eines Partnertrainings in der **gleichen** Form von einem Anfänger wie von einem Fortgeschrittenen ausgeführt werden.

Partnertraining im Stand

Als erste, leichteste Form wählt man das Partnertraining im Stand.

Beide Partner stehen in Hachiji-Dachi gegenüber. Einer stößt Choku-Zuki-Jodan oder -Chudan, der andere wehrt mit Age-Uke oder Soto-Ude-Uke ab.

Diese Übung kann bereits in der ersten oder zweiten Anfängerstunde durchgeführt werden!

Übungsziele

- Erstes Erlernen des Zeitgefühls für Angriff und Abwehr bei möglichst ungefährlicher Ausführung.

- Erkennen der besonderen Wirkung der verschiedenen Abwehrtechniken.

Fehler
- Bewegung des Angreifers im Oberkörper oder der Schulter.
- Nichteinhalten der Zielregion.
- Ungenügende Abwehrbewegung.

Falsch

Gohon-Kumite und Sanbon-Kumite

Hierbei steht der Angreifer mit Gedan-Barai in Zenkutsu-Dachi in der Ausgangsstellung (links vorne). Der Verteidiger wartet in Hachiji-Dachi, beide Arme leicht gespannt neben dem Körper.

Normalerweise geht der Verteidiger dann zuerst rechts zurück, um links abzuwehren. Der Angreifer muß bei allen Angriffen mit dem vorderen Bein **innen** stehen, am günstigsten direkt neben dem Fuß des Verteidigers. Steht er vor dem Fuß, ist der Angriffsabstand zu groß, d.h. der Angriff wirkungslos; steht er hinter dem Fuß, wird der Abstand zu gering und damit wirkungslos oder gefährdend.

Beide Partner müssen darauf achten, daß sie schulterbreit gehen, (wobei der Verteidiger etwas breiter stehen muß) da sie sonst das Gleichgewicht verlieren, schwache Techniken ausführen oder den Gegner verletzen könnten.

Beim letzten (fünften oder dritten) Angriff stößt der Angreifer einen Kiai aus. Entsprechend soll dieser Angriff auch der stärkste sein. Der Verteidiger wehrt ab und vollzieht einen Gegenangriff, ebenfalls mit Kiai. Anschließend stehen sie, vom **Verteidiger** aus gesehen vorwärts, auf.

Beim Gegenangriff nach einer Soto-Ude-Uke-Abwehr von außen ist darauf zu achten, den Angriffs-

1

2

3

4

arm weiter weg zu drücken und **unter** ihm den Gegenangriff auszuführen. Bei Fußangriffen ist eine Abwehr Gedan-Barai bei geradem Zurückweichen unrealistisch und zu unterlassen. Stattdessen soll Nagashi-Uke ausgeführt werden. Gedan-Barai und Uchi-Ude-Uke sind nur bei einer gleichzeitigen **seitlichen** Ausweichbewegung sinnvoll! Dies ist aber beim Gohon-Kumite, wegen der Schrittfolge nicht möglich.

Übungsziele

- Anwendung der Grundtechnik in der Bewegung.
- Genaues Einhalten des Abstandes auch bei großen Schritten.
- Verstärken des kraftvollen, langen Angriffs, gleichzeitig Beherrschung der Abwehr langer Angriffe.
- Einhaltung einer sauberen Stellung trotz starker Angriffe und Abwehr.

- Flüssiges Angreifen mehrmals hintereinander.
- Fester Stand in der Abwehr trotz Rückwärtsbewegung und damit Möglichkeit zum Kontern (Gegenangriff).
- Oberstes Ziel ist der **grundschulmäßige** Angriff!

Fehler

- Angriff zu kurz oder zu lang, oder nicht zum richtigen Zeitpunkt (er soll genau in dem Moment des Absetzens erfolgen).
- Vorfallen im Oberkörper beim Angriff.
- Fehlende Angriffsabsicht beim Angreifer (es soll nicht nur der Arm in Richtung zum Ziel gestreckt werden, sondern das Ziel auch getroffen werden können, falls keine Abwehr erfolgt!).
- Kein oder zu schwacher oder zu später Kiai.
- Falsches Setzen des vorderen Fußes des Angreifers nach außen.

Falsch: Ungenügende Abwehr ohne Ausweichen

Richtig

Kihon-Ippon-Kumite

Bei diesem Kumite soll einerseits der Angreifer aus dem Stand heraus lang und kraftvoll angreifen und andererseits der Verteidiger, neben starken Grundschultechniken, Variationen der Verteidigung zeigen. Jeder Angriff wird nur einmal ausgeführt und nach der Abwehr sofort mit einem Gegenangriff abgeschlossen.

Übungsziele

- Langes, starkes und punktgenaues Angreifen aus dem Stand heraus.
- Starke Abwehr aus einer schwierigen Stellung (Hachiji-Dachi) heraus.
- Gleichzeitige Vorbereitung eines sauberen, kraftvollen Gegenangriffs.
- Einüben besonderer Verteidigungskombinationen.

Beispiel für Kihon-Ippon-Kumite

1

2

3

4

1

2

3

Beispiel für Kihon-Ippon-Kumite

- Betonung der vollen Arretierung des Gegenangriffs im Ziel. Auf keinen Fall darf zu früh ein Zurückschnappen des Gegenangriffs geübt werden!
- Betonung der Hüftarbeit durch getrenntes Üben von Abwehr (Hüfte abgedreht) und Gegenangriff (Hüfte eingedreht).

Fehler

- Schwacher, unrealistischer Angriff, der Fehler der Verteidigung nicht aufdeckt.
- Schlechter Stand nach der Verteidigung und somit ungenauer und schwacher Gegenangriff.
- Zu frühes Auflösen der grundschulmäßigen Techniken zugunsten von kampfmäßigen Formen mit der Folge unsauberer und unkontrollierter Techniken.

Jiyu-Ippon-Kumite

Das Jiyu-Ippon-Kumite könnte man als Momentaufnahme des freien Kampfes bezeichnen. Eine Phase des Kampfes wird herausgeschnitten und getrennt trainiert. Beide Kämpfer beginnen in der freien Kampfstellung (Jiyu-Dachi). Aus lockeren, freien Bewegungen heraus greift der eine Gegner mit einem festgelegten, angesagten Angriff an. Der andere wehrt, je nach Ausbildungsstand und Übungsabsicht ab und vollzieht den Gegenangriff. Dabei endet der Gegenangriff mit sofortigem Zurückziehen in Kamae, d. h. in Jiyu-Dachi und kampfbereiter Haltung (Zanshin).

Übungsziele

- Das Jiyu-Ippon-Kumite soll alle Aspekte des freien Kampfes innerhalb eines Angriffs beinhalten. Der Angreifer muß selbst den günstigsten Zeitpunkt und die beste Distanz für den Angriff wählen.
- Durch Bewegungen vor dem Angriff und fintierende Ansätze verdeckt er den eigentlichen Angriff, um den Verteidiger in eine möglichst ungünstige Situation zu bringen.
- Der Verteidiger wiederum muß aus den Bewegungen des Angreifers den Zeitpunkt und die Art des Angriffes erkennen lernen und sich darauf einstellen. Dieses beiderseitige Bemühen ergibt die besondere Spannung innerhalb dieser Kumiteform. Ohne diese Spannung ist die Situation unrealistisch und hilft den Übenden nicht in der Entwicklung zum freien Kampf.
- Der Verteidiger soll besonders weiträumige Abwehren mit großen Bewegungen trainieren. Beherrscht er diese, kann er im Notfall auch auf engerem Raum abwehren.

1

2

- Der Gegenangriff sollte solange fast ausschließlich Chudan ausgeführt werden, bis der Verteidiger schnell und angstfrei, d. h. ohne zu früh abzubremsen, Jodan stoßen kann.

Fehler

- Mangelnde Vorbereitung. Sie führt zu falschem Abstand oder falschem Zeitpunkt des Angriffs.

In der Vorbereitungsphase bemüht sich der Angreifer vor allem um den richtigen Abstand. Weicht der Verteidiger ständig zurück, kommt kein optimaler Abstand zustande, d. h. der Angriff erfolgt meist aus zu großer Distanz. Kommt der Angreifer bei der Vorbereitung zu nah, kann der Verteidiger direkt mit Kizami-Zuki kontern (siehe unten).

- Kommt der Verteidiger bei der Abwehr nicht völlig zum Stand, ist der Gegenangriff zu schwach, ungenau und gefährdet den Angreifer.

3

Konter mit Kizami-Zuki bei zu kurzem Abstand

1

2

3

4

Kaeshi-Ippon-Kumite

Das Kaeshi-Ippon-Kumite beruht auf dem Gedanken, daß nach einem Angriff normalerweise noch nicht alles vorbei ist. Nach einer gelungenen Abwehr hat der Verteidiger nicht nur die Chance zu dem recht kurzen Gegenangriff, sondern er kann selber die Initiative ergreifen und erneut mit einem ganzen Schritt angreifen. Der erste Angreifer wird zum Verteidiger und schließt die Aktion mit dem Gegenangriff im Stand ab.

Übungsziele

- Nach einem Angriff soll die Bereitschaft zur Verteidigung gefördert werden. Der erste Verteidiger soll Angriffe aus der Rückwärts- oder Seitwärtsbewegung erlernen und reflexhaft anwenden können.

Kaeshi-Ippon-Kumite

- Der erste Angreifer soll fühlen, daß der beste Schutz gegen einen Konterangriff ein sehr starker eigener Angriff ist!
- Das Raum- und Distanzgefühl soll so geschult werden, daß der Verteidiger aus jeder Lage heraus mit einem für diese Situation optimalen Angriff reagieren kann.

Fehler

- Zu schwache, halbherzige Angriffe, ständige Rückwärtsbewegung des Verteidigers (anstatt seitwärts auszuweichen).
- Techniken, die der Situation nicht entsprechen.

1

2

3

4

Okuri-Ippon-Kumite

Beim Okuri-Ippon-Kumite greift der Angreifer zweimal an. Seinen ersten Angriff sagt er vorher an, den zweiten entwickelt er aus der Situation heraus. Der Verteidiger muß also zweimal abwehren, bevor er seinen Gegenangriff vollziehen kann.

3

1

4

2

5

Okuri-Ippon-Kumite

Übungsziele

- Ähnlich wie beim Kaeshi-Ippon-Kumite soll das Angriffs- und Reaktionsverhalten geschult werden, nur daß die Bewegungen in der Richtung fortgesetzt werden.
- Es sind Übungen, die in hohem Maße Kampfsituationen entsprechen.

Fehler

Siehe beim Kaeshi-Ippon-Kumite.

1

2

3

4

5

»De-Ai«, in den Angriff hineingehen

Jiyu-Kumite (freier Kampf)

Das Jiyu-Kumite ist das eigentliche Ziel der aufbauenden Partnerübungen. Von den ersten, vorsichtigen Übungen im Stand bis zu einem freien, beweglichen, nicht angekündigten Angriff ist ein langer Weg. Wer ihn sorgfältig beschreitet, wird an seinem Ende gut und vor allem verletzungsfrei für **beide** Teilnehmer kämpfen können. Bei einem guten Jiyu-Ippon-Kumite kann man den Unterschied zum freien Kampf kaum erkennen.
Tips und Verhaltensweisen für den freien Kampf sind in richtig karate 2 zu finden. Deshalb hier nur noch einmal der Hinweis:
Wer **alle** Vorstufen des freien Kampfes gut beherrscht, wird auch ein gutes Wettkampf-Karate zeigen können!

Kata

Die Übersetzung des Wortes Kata fällt immer etwas schwer. Wörtlich übersetzt heißt es soviel wie »Form«. Mit mehr Worten umschrieben kann man sagen:
Ein Übungskampf gegen mehrere Gegner, der in seinen Bewegungen bis ins Einzelne festgelegt ist, wobei der Akteur den Kampf alleine, ohne Gegner, ausführt. Als Perfektionsschulung und -test fügt es alle Elemente des Karate zu einer Einheit zusammen.

Wer das Kata-Training vernachlässigt oder ablehnt, wird zu einem einseitigen Spezialisten, der vielleicht gut kämpfen, aber niemals gut Karate kann.
So wie Karate mehr ist als körperliche Bewegung, ist die Karate-Technik in ihrer Gesamtheit ohne Kata nicht vollständig. Auch wenn an dieser Stelle der Raum fehlt, näher auf die Kata einzugehen, muß dies dennoch dem Leser dringend empfohlen werden.

Seeli
TOYOTA

Nachwort

Wer dieses Buch durchgearbeitet hat, ist mit den Grundsätzen des Karate vertraut. Von der Vorbereitung, der Gymnastik über die Grundschule bis zum Partnertraining hat er die Anfänge im Karate genauso gelernt wie die fortgeschrittenen Techniken.
Zwei Dinge möchte ich dem Leser noch ans Herz legen, bevor er dies Buch schließt:

Erstens: Karate ist immer etwas Zusammengesetztes, Komplexes. Ich kann keinen Teil des Karate herausziehen und für sich betrachten, immer hat es Auswirkungen auf das ganze Karate. Dies gilt genauso für die körperliche wie auch für die geistige Ausbildung. Deshalb kann man nicht sagen, jetzt mache ich Karate und jetzt nicht. Wer den Weg des Karate-**Do** beschreitet, wird immer am Ganzen gemessen werden, auch wenn er nur allzugern einen Teil davon gelten lassen möchte.

Zweitens: Karate ist ein Kampfsport. Wer ihn betreiben will, muß erkennen, daß er damit Verantwortung übernimmt. Verantwortung für den Trainingspartner, Verantwortung für den Wettkampfgegner und sogar Verantwortung für den Selbstverteidigungskontrahenten. Die Ausübung von Karate setzt immer eine große Disziplin und ein hohes Maß an Verantwortungsgefühl voraus. Wer das vergißt, als Schüler wie als Trainer, betreibt nicht Karate, sondern billige und üble Schlägerschulung.

Fachwörter

Verzeichnis der gebräuchlichsten japanischen Begriffe

Aussprache

Die Wörter werden so ausgesprochen, wie sie geschrieben sind. Dabei werden sie nicht besonders betont.

z:	[s]	wie in »Sand«
ch:	[tʃ]	wie in »Tschad«
j:	[dʒ]	wie in »Germany«
s:	[ʃ]	wie in »Haß«
y:	[j]	wie in »Jordan«
r:		ein rollendes »r«
sh:	[ʃ]	wie in »Schade«

ae, ei usw. werden als zwei Vokale ausgesprochen. Das »u« wird meist verschluckt, z. B.: Oi'ski statt Oi-Zuki oder S'mo statt Sumo.

Kommandos

Yoi!	Achtung (Vorbereitung)
Hajime!	Los! Kämpft! Anfangen!
Yame!	Stop! Aufhören!
Mawate	Wenden!
Mokuzo!	Konzentration und Meditation vor dem Angrüßen
Sensei-ni Rei!	Zum Lehrer-Gruß!
Gedan-Barai-Kamaete!	Ausgangsstellung mit Gedan-Barai

Angriffsstufen

Gedan	Untere Stufe (bis Gürtel)
Chudan	Mittlere Stufe (Gürtel bis Hals)
Jodan	Obere Stufe (Kopf)

Stellungen

Shizentai	Stand in Hachiji-Dachi
Zenkutsu-Dachi	Vorwärtsstellung
Kokutsu-Dachi	Rückwärtsstellung
Kiba-Dachi	Seitwärtsstellung
Hanmi	Zenkutsu-Dachi mit 45° abgedrehter Hüfte
Kamae	Kampfstellung
Hungetsu-Dachi	Halbmond-Stellung (mit Spannung nach innen)
Sanchin-Dachi	Sanduhr-Stellung (kleine Stellung mit Spannung nach innen)
Sochin-Dachi	Kraft-Stellung (wie Zenkutsu-Dachi mit geöffnetem hinteren Knie, Spannung nach außen!)

Verschiedene Ausdrücke

Age	Heben
Ashi	Bein
Barai	Fegen
Dojo	Trainingsraum, Ort der intensiven Beschäftigung mit dem »Do«, Verein

Empi	Ellbogen
Fumikomi	Stampfschritt
Hara	Körperliches und geistiges Zentrum
Hidari	links
Hiza	Knie
Ippon	Ein Punkt, einmal
Jiyu	frei
Kagi-Zuki	Hakenstoß
Kakato	Ferse
Karateka	Karate-Betreibender
Karategi	Karate-Anzug
Kata	Form, Perfektionsturnier eines Kampfes gegen mehrere, imaginäre Gegner
Keage	Zurückschnappende Technik
Kekomi	Arretierte Technik
Kiai	Kampfschrei
Kihon	Grundschule
Kime	Moment höchster Spannung im ganzen Körper
Kumite	Partnertraining, Zweikampf
Mae	Gerade
Makiwara	Schlagpfosten
Mawashi	kreisförmig
Migi	rechts
Mikazuki-Geri	Halbmondtritt
Neko-Ashi-Dachi	Katzenstellung
Ren-Geri	wechselndes Treten
Ren-Zuki	wechselndes Stoßen
Shiwari	Bruchtest
Shiai	Wettkampf
Tate-Zuki	Fauststoß mit senkrechter Faust
Tsuki	Stoßen
Uchi	Schlagen
Uke	Abwehr
Ura-Zuki	Aufwärtshaken (Fauststoß auf kurze Distanz ohne Drehung der Faust)
Ushiro	Rückwärts
Yoko	Seitlich

Japanische Zahlen

Ichi	eins
Ni	zwei
San	drei
Shi	vier
Go	fünf
Roku	sechs
Shichi	sieben
Hachi	acht
Ku	neun
Ju	zehn

Ergänzende Literatur zum Thema

BLV Sportpraxis 251
Wolf-Dieter Wichmann
Richtig Karate 2
Kampftechniken: Geschichte, Kampfvoraussetzungen, Anfängertraining, Kampfübungen, freier Kampf, Spezialtechnik, Taktik und Betreuung, typische Kampfverletzungen und ihre Vermeidung.
128 Seiten, 306 Fotos, 1 Zeichnung

BLV Sportpraxis 248
Kyong Myong Lee
Richtig Taekwondo
Die Kunst der unbewaffneten Selbstverteidigung: geistiger und sportlicher Wert, Geschichte, Technik und Training, Taekwondo-Techniken, Wettkampf.
2. Auflage, 160 Seiten, 22 Fotos, 666 Zeichnungen, 30 Grafiken

BLV Sportwissen 407
Hans Ehlenz/Manfred Grosser/ Elke Zimmermann
Krafttraining
Alle wissenschaftlichen Grundlagen, Trainingsmethoden, Übungen und Trainingsprogramme für die verschiedenen Sportarten.
3. Auflage, 168 Seiten, 130 Fotos, 48 Zeichnungen

BLV Sportpraxis 228
August Neumaier/Elke Zimmermann
Richtig Konditionsgymnastik
Wirkungsweise, Variationen, Übungen mit Trainingsprogrammen und Konditionstest.
3. Auflage, 127 Seiten, 190 Farbfotos, 7 s/w-Fotos, 21 Zeichnungen

BLV Sportpraxis 238
Adolf Roy
Richtig Fitnessgymnastik
15 Fitnessprogramme mit Einzel-, Partner- und Geräteübungen, die sich für jedes Alter eignen, die Gesundheit stabilisieren und zur Verbesserung der allgemeinen Kondition beitragen.
2. Auflage, 127 Seiten, 125 Farbfotos, 189 s/w-Fotos, 4 Zeichnungen

BLV Sportpraxis 241
Hans H. Rhyner
Richtig Yoga
Yoga unter sportlich-gesundheitlichen Aspekten: Theorie, leicht nachvollziehbare Übungen, Yogahaltungen mit vorbeugender oder heilender Wirkung.
3. Auflage, 127 Seiten, 78 Farbfotos, 70 Vignetten, 7 farbige Zeichnungen